Illusion financière

Tous droits réservés
1re édition : octobre 2012
© Les Éditions de l'Atelier / Les Éditions Ouvrières, Ivry-sur-Seine, 2014
www.editionsatelier.com
www.twitter.com/ateliereditions – www.facebook.com/editionsatelier

Imprimé en France *Printed in France*
ISBN : 978-2-7082-4258-6

Gaël Giraud

Illusion financière
Des *subprimes* à la transition écologique

(Troisième édition revue et augmentée)

Les Editions Ouvrières
51-55 rue Hoche
94200 Ivry-sur-Seine

REMERCIEMENTS

Ce livre n'aurait pas vu le jour sans de multiples discussions avec Gabriel Galand, Jean-Marc Jancovici, Cédric Philibert, Cécile Renouard, Camille Sutter et, tout spécialement, Alain Grandjean. J'assume évidemment seul les positions défendues ici.

Pour Aurèle

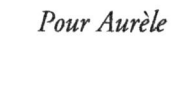

INTRODUCTION

Les réflexions qui suivent s'enracinent dans une lecture personnelle de la crise initiée en 2007. Cette lecture est forcément engagée. Je ne crois pas du reste qu'il puisse y avoir de lecture sans le risque d'un acte d'interprétation, et donc sans l'engagement d'une liberté. Inversement, il ne peut y avoir de diagnostic de la prétendue crise des dettes publiques européennes sans son articulation avec notre passé immédiat. Qu'il n'y ait pas de prise de parole sur le réel sans prise de position herméneutique n'implique pas que le « réel » soit une construction imaginaire ou que la vision qu'un sujet en propose relève de l'arbitraire. Au contraire, chacune de nos interprétations exige de pouvoir être discutée publiquement, de même que toute assertion scientifique doit pouvoir être réfutée. À l'inverse, les « experts » qui, par un court-circuit d'inspiration positiviste, prétendent n'exprimer que les faits rejoignent certains chantres de la fin de la modernité, pour qui n'existent que des construits sociaux : les uns comme les autres rêvent, au fond, de se soustraire à la discussion.

Le crédit *subprime*

Une origine de la crise européenne actuelle se trouve dans le *krach* financier de 2007. (Une autre se trouve dans les défauts structurels de la zone euro ; nous y viendrons au chapitre 10 *infra*.) La raison, au moins superficielle, de la tempête financière qui éclate en 2007 aux États-Unis est bien connue : elle réside dans le marché hypothécaire nord-américain des ménages « pauvres », typiquement des foyers noirs américains vivant dans la banlieue de Cleveland, dans l'État de l'Ohio [1].

Que s'est-il passé ? Le marché immobilier augmentait régulièrement chaque année de 15 % environ, depuis 2001. En outre, après l'éclatement de la bulle Internet, en 2001, le président de la Federal Reserve (Réserve fédérale, Fed), la banque centrale américaine, Alan Greenspan (un ancien saxophoniste, nommé à la tête de la banque par Ronald Reagan en 1987, peu armé pour résister à la *doxa*), a fortement encouragé le développement du crédit hypothécaire [2].

De 2001 à 2007 s'est alors formée une énorme bulle du marché immobilier américain. Le prix de l'immobilier a augmenté, en cinq ans, de plus de 100 % par rapport à sa moyenne historique sur le siècle dernier. Les institutions de crédit hypothécaire ont accordé des prêts de plus en plus nombreux, à un nombre croissant de ménages, sans véritablement vérifier leur solvabilité. Pourquoi ? Parce que les crédits qui étaient accordés étaient gagés sur les maisons que possédaient ou achetaient les ménages. Typiquement, un vendeur allait voir un ménage en lui expliquant : « Pour l'instant, vous n'êtes pas propriétaire, mais vous pouvez acheter votre maison, on vous prête quasiment la totalité du capital. Dans trois ans, il faudra que vous commenciez à rembourser votre prêt, mais ce ne sera pas douloureux : votre maison vaudra beaucoup plus, on vous fera un deuxième prêt pour vous permettre de rembourser le premier, gagé sur votre maison, laquelle aura entre-temps pris de la valeur. Vous allez donc pouvoir payer continuellement vos dettes, grâce à l'augmentation indéfinie de la valeur de votre maison. »

On a donc empilé des dettes les unes sur les autres, en promettant aux ménages qu'ils n'auraient aucun souci pour s'en acquitter puisque, mécaniquement, chaque année, leur maison prendrait de la valeur, de sorte qu'on pourrait leur accorder de nouveaux prêts leur permettant de rembourser les précédents... Qui plus est, les instituts de crédit ont imposé des taux d'intérêt exorbitants allant jusqu'à 30 % par an. Et ceci fut fait auprès de ménages pauvres ou précaires, parfois illettrés et déjà surendettés. L'un des résultats les plus frappants de cette dérive est le gonflement d'une bulle hypothécaire inédite depuis la fin du XIXe siècle, comme le montre le graphique 1 :

Graphique 1. Prix de l'immobilier – États-Unis

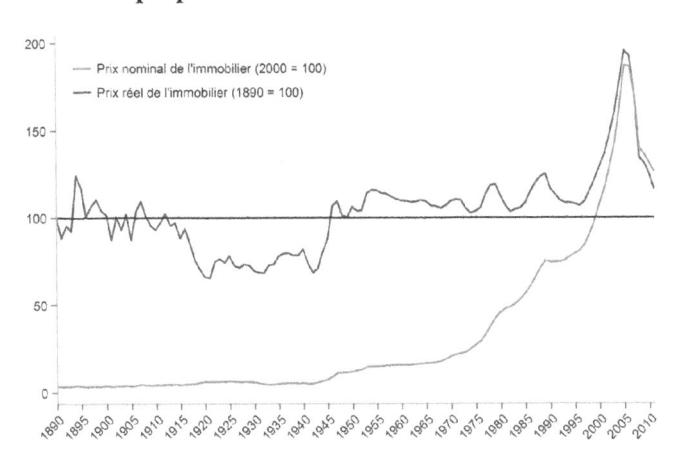

Sources : Robert J. Schiller - Yale University

Lecture : si le prix nominal de l'immobilier est normalisé à 100 en 2000, alors il valait presque zéro jusqu'en 1940, 25 en 1970 et 190 juste avant le déclenchement de la crise en 2007. Si le prix réel de l'immobilier valait 100 en 1890 et en 1945, alors il valait presque 200 en 2007.

Partons de la courbe qui démarre quasiment à zéro en 1890 : il s'agit du niveau nominal des prix de l'immobilier aux États-Unis. À l'évidence, celle-ci commence à augmenter de manière inédite à partir de 1970 pour exploser littéralement à la fin des années 1990. Comment se fait-il qu'un tel phénomène n'ait pas alerté les autorités américaines ? Peut-être cette explosion a-t-elle été masquée par une hausse générale des prix, de sorte que l'immobilier n'aurait pas connu de fièvre inflationniste spécifique ? La seconde courbe, qui débute à 100 en 1890, décrit l'évolution du prix de l'immobilier corrigée de l'inflation, et montre qu'il n'en est rien : entre 1907 et 1945, les prix de l'immobilier ont été en net retrait par rapport au niveau général des prix ; pendant les Trente Glorieuses, ils évoluent de manière quasiment parallèle, en moyenne. Et c'est à la fin des années 1990, de nouveau, que l'immobilier « décolle » du reste des prix à la consommation. Lorsque, lors d'un entretien réalisé pour CNN le 29 juillet 2005, Ben Bernanke, devenu le patron de la Réserve fédérale, affirme : « Nous n'avons jamais connu de baisse du prix des maisons à l'échelle nationale. Ce que je pense, c'est plutôt que la hausse ralentira, éventuellement se stabilisera », il participe évidemment de l'aveuglement qui a permis de construire la pyramide de Ponzi décrite à l'instant : jamais les prix de l'immobilier ne devaient baisser... Mais il y participe avec un manque de recul étonnant : la courbe du haut montre très bien que le prix réel de l'immobilier avait connu plusieurs décrues par le passé, notamment à l'occasion des deux chocs pétroliers et de la décennie 1990.

En a-t-il été différemment en France ? Non, ainsi que le montre le graphique 2 : l'accélération du gonflement de la bulle immobilière est même plus prononcée encore en France qu'elle ne l'a été aux États-Unis !

Graphique 2. Évolution du prix de l'immobilier

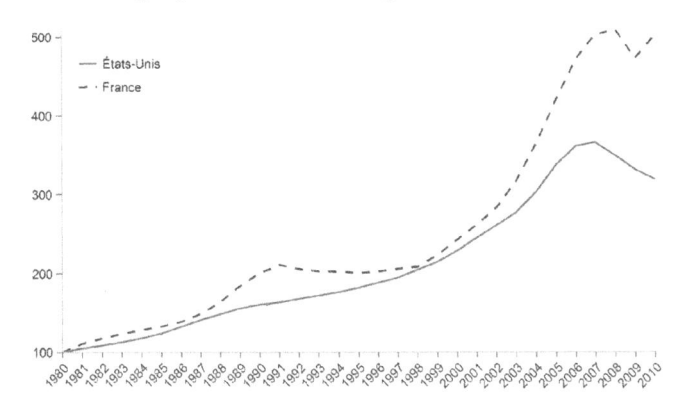

Sources : CGEDD, INSEE – France ; OFHEO – États-Unis

En 2005, la banque centrale américaine commence à repérer une petite poussée inflationniste aux États-Unis et se met à « resserrer les boulons », c'est-à-dire à augmenter le taux d'intérêt court auquel les banques de second rang se refinancent auprès de l'institution centrale. Très vite, le marché immobilier américain se retourne : le prix des maisons, au lieu de continuer de croître mécaniquement, stagne, puis baisse. Entendons-nous : la hausse du marché immobilier eût pris fin tôt ou tard. L'ironie de cette histoire est que la décision prise par la Fed de revenir sur sa politique monétaire expansionniste a probablement facilité ou accéléré le retournement. Sans doute un autre facteur décisif a-t-il joué un rôle : pour une quantité non négligeable d'Américains, le pic des cours du pétrole de 2007 (70 dollars le baril, au lieu de 20 dollars sept ans plus tôt) a rendu de plus en plus onéreux l'investissement dans des maisons situées en banlieue, le coût des trajets jusqu'à leurs lieux de travail prenant une part excessive dans leur budget. Nous aurons l'occasion de revenir sur le rôle joué par le pétrole dans nos crises économiques (cf. chap. 4).

Voilà tout d'un coup, en 2007, trois millions de ménages américains pauvres, surendettés, qui se retrouvent à devoir payer des dettes colossales : le montant total de la dette accumulée par les ménages américains est de 2 500 milliards de dollars – environ le produit intérieur brut (PIB) français. Les ménages se retournent évidemment vers les institutions de crédit qui leur avaient promis de nouveaux prêts pour rembourser leurs dettes. Mais celles-ci leur répondent à présent : « La valeur de votre maison diminue, on ne peut donc plus vous accorder de prêts ; ce n'est plus possible. » Les premiers ménages mettent la clef sous la porte, puis les institutions de crédit font faillite à leur tour.

Aujourd'hui...

Plus de la moitié des jeunes Espagnols, Italiens et Grecs sont au chômage. Deux cent mille personnes ont fui Athènes pour survivre. Les hôpitaux et les pharmacies grecs ne sont plus alimentés en médicaments. La Grèce rejoint le sort peu enviable d'un pays d'Afrique subsaharienne. Un destin analogue attend ses voisins méditerranéens à plus ou moins brève échéance si nous ne sortons pas de l'équation suivante : contraindre les pays du Sud de l'Europe à pratiquer ce que l'on nomme avec pudeur un « ajustement », c'est-à-dire à réduire drastiquement leur niveau de vie pour devenir compétitifs. Et pour les autres pays, ceux du Nord, poursuivre les « réformes structurelles » – flexibilisation du marché du travail et désengagement de l'État social. Au bout du chemin ? Une Europe qui aurait « assaini » ses finances publiques et des Européens qui, enfin, consentiraient à ne plus « vivre au-dessus de leurs moyens ». Et le secteur bancaire ? Il conviendrait de le sauver avant toute chose.

Comment en sommes-nous arrivés là ? C'est à cette question simple que ce livre voudrait apporter des éléments de diagnostic. Bien entendu, il serait illusoire de faire porter au seul secteur bancaire l'entière responsabilité de l'impasse actuelle : nous sommes tous complices, ne fût-ce qu'à travers notre épargne, dont une part importante a été placée par les banques sur les marchés financiers. La part de responsabilité de la démesure financière n'en demeure pas moins d'autant plus décisive qu'elle est très largement occultée, forclose, par le détournement du débat public aux dépens des seules dettes souveraines : la crise européenne n'est *pas*, d'abord, une crise des finances publiques, mais une crise de la finance dérégulée.

Comment nous sortir de l'impasse ? C'est la seconde question à laquelle nous voudrions apporter quelques éléments de réponse. Il importe de distinguer ce qui est urgent de ce qui est prioritaire. Tout bien pesé, il se pourrait que l'urgence que constitue une recapitalisation durable du secteur bancaire européen ne soit même pas prioritaire : la *priorité absolue* pour nos économies consiste à trouver les moyens de faire tourner une machine économique qui promet d'être déflationniste pendant des décennies – ce qui veut dire davantage de chômage et de précarité. Or la contrainte énergétique compromet largement toute croissance tirée par l'augmentation de la consommation d'énergies fossiles – sauf à continuer de creuser le déficit commercial européen. Voilà une contrainte bien réelle, indépendante de nos gesticulations politiques et capable de nous aider à sortir de la psychose où nous enferme la forclusion du rôle joué par la finance de marché. S'il est à peu près certain qu'une politique de réformes structurelles plongera notre continent dans une récession comparable à celle des années 1930, il est malheureusement illusoire d'imaginer qu'une politique de soutien budgétaire à la « croissance », même à l'échelle européenne, permettra de créer beaucoup d'emplois : au mieux, elle alimentera la reprise des pays émergents, comme ce fut le cas en 2009. *Un* chemin hors de la récession (qui menace d'affecter l'ensemble du continent européen, Allemagne incluse), c'est celui de *la transition écologique*. En commençant par la rénovation thermique des bâtiments, puis la mobilité. Un tel programme créerait plusieurs millions d'emplois, diminuerait notre dépendance énergétique, contribuerait à rétablir notre balance commerciale, favoriserait la réindustrialisation des filières externalisées à l'étranger, et constituerait sans doute le meilleur instrument de lutte contre l'inflation. Car le « moteur » de l'inflation dans notre économie mondialisée n'est plus la boucle prix-salaire : c'est le prix de l'énergie. La *transition*, ce sont des chantiers ambitieux mais pour lesquels le savoir-faire et la volonté d'avancer des *majors* industrielles européennes sont très réels…

Que manque-t-il ? Le financement, évidemment. Il devrait être clair que le secteur bancaire privé européen, étant en grande partie sinistré, ne financera pas un tel programme. Les fonds souverains moyen-orientaux ne financeront pas non plus ces chantiers car leur rentabilité strictement financière est trop faible : 3 % sur dix ans, en moyenne... Autrement dit, la « croissance verte » tirée par des investissements privés dans la recherche et le développement relève en partie du mythe : sans une impulsion politique par-delà la logique financière de court terme, ces investissements n'auront jamais lieu. Comment les financer ? C'est, au fond, la troisième question clef de ce livre.

Pour pouvoir y répondre, il importe de comprendre que l'idée d'une contrainte financière agissant « de l'extérieur » sur nos économies, incarnée par des « marchés anonymes », n'est qu'une illusion. Non, les crises financières ne sont pas une fatalité à laquelle nous n'aurions qu'à nous soumettre à la manière des populations de l'Est asiatique qui savent que, chaque année, un tsunami du Pacifique peut dévaster leurs fragiles échafaudages. Certes, se déprendre de l'illusion financière requiert de nous un véritable « changement de civilisation ». Mais si nous croyons que l'*Homo sapiens* européen vaut plus que l'*Homo economicus* des marchés financiers, alors il vaut la peine de s'engager sur ce chemin de conversion. Un chemin qui passe par l'expérience d'une réconciliation de nos sociétés avec l'Esprit au travail dans notre histoire.

Notes

1. Cf. Jean-Stéphane Bron, *Cleveland contre Wall Street*, documentaire présenté au festival de Cannes en 2010.
2. Tout en ayant reconnu publiquement son propre échec dans la gestion du risque *subprime*, Greenspan est devenu le conseiller d'un *hedge fund*, Paulson & Co, qui a gagné 23,5 milliards de dollars en pariant sur l'effondrement de la valeur des titres de ce même crédit immobilier.

Chapitre 1

LA « SOCIÉTÉ DE PROPRIÉTAIRES », UN IDÉAL MESSIANIQUE ?

La bulle financière qui s'est greffée sur l'octroi de crédits *subprime* aux ménages pauvres américains provenait d'une énorme pyramide de Ponzi [1]. Une pyramide de Ponzi consiste à rémunérer les investissements effectués par des clients au moyen des fonds procurés par les nouveaux entrants. La chaîne s'interrompt (et la pyramide s'effondre !) quand les sommes procurées par les nouveaux entrants ne suffisent plus à couvrir les rémunérations des clients précédents. Dans le cas des crédits *subprime*, le mécanisme est un peu plus subtil puisque les nouveaux entrants sont ceux qui, en achetant des biens immobiliers en dépit de la hausse de leur prix, font augmenter la valeur générale du collatéral (c'est-à-dire de la garantie) sur lequel sont adossés les prêts *subprime*. L'échafaudage s'effondre dès lors que le flux des nouveaux entrants ne permet plus de rembourser les dettes passées par l'octroi de nouveaux crédits : c'est ce qui s'est passé dès lors que le marché immobilier américain s'est retourné en 2006.

Des pyramides à Cleveland

Le lecteur s'étonnera sans doute : la loi n'interdit-elle pas la pratique de la chaîne de Ponzi ? Si, en effet, lorsque celle-ci est élaborée au service d'un individu unique, identifiable et susceptible d'être puni. L'ancien maître nageur

Bernard Madoff en a fait les frais, après quarante-huit ans d'activité florissante, au terme desquels il gérait 17 milliards de dollars, à la tête d'un *hedge fund* (fonds spéculatif) peuplé de brillants économistes et de mathématiciens réputés mais dont la source de la richesse s'est révélée n'être qu'un banal schéma de Ponzi. Puisque c'est si simple, les épargnants fortunés ne sont-ils pas assez malins pour ne jamais se laisser duper ? L'histoire regorge, au contraire, d'exemples de chaînes de Ponzi (dont nous n'avons connaissance que parce qu'elles se sont interrompues [2]).

On rétorquera que, si le mécanisme sous-jacent à la bulle du crédit immobilier *subprime* est similaire à celui d'une chaîne de Ponzi, il reste que le premier a concerné des millions d'individus qui ne s'étaient pas concertés et ne pouvaient avoir comme objectif affiché de s'enrichir en ruinant les ménages pauvres américains. Rien n'est moins sûr, nous aurons l'occasion d'y revenir. En 1997, l'Albanie a connu l'effondrement d'une chaîne de « banques pyramidales » qui ont provoqué des émeutes causant des milliers de morts [3]. Témoin que plusieurs banques sont capables de monter ensemble une pyramide de Ponzi – peu importe qu'elles se soient consultées au préalable, ou non. On répondra encore que les exemples précédents de chaînes de Ponzi ont été punis par la loi, tandis que les crédits *subprime* étaient légaux. C'est exact. Il n'empêche que les uns comme les autres reposent sur la même idée fort simple : rembourser une dette par une autre. Quant à punir par la loi ceux qui ont tiré des avantages substantiels de ce « commerce des promesses », il ne tient qu'à nos sociétés de le faire, par exemple en modifiant la législation sur les conditions d'octroi du crédit.

Un autre élément commun à toutes ces chaînes de Ponzi est qu'elles promettent toutes de l'argent *liquide* bon marché. Ce que montre de manière exemplaire la société d'investissement colombienne Proyecciones DRFE (*Dinero rápido, fácil y en efectivo*, « Argent facile, rapide et en liquide ») qui reposait sur un système de Ponzi, et dont la chute, en novembre 2008, a ruiné 500 000 petits épargnants colombiens [4].

La titrisation

Lors de cette première étape, le problème est encore local, lié au marché immobilier américain. Et d'une certaine manière, tout le monde est responsable : les ménages pauvres américains se sont laissé entraîner dans une spirale de surendettement à laquelle ils n'auraient jamais dû céder. Avaient-ils vraiment les moyens intellectuels, sociaux, culturels de résister dans une société qui a fait de l'accès à la propriété l'équivalent d'une quête du Graal ? Il y a une responsabilité très forte, aussi, de la part des institutions de crédit qui ont accordé des prêts sans s'inquiéter de la solvabilité des ménages (et de l'État qui garantissait ces prêts). D'aucunes ont même surévalué volontairement les maisons acceptées en garantie (certaines étaient évaluées à 110 % de leur valeur réelle) de manière à pouvoir se montrer plus « généreuses » encore. Du coup, la montagne de dette (privée) accumulée était énorme : 2 500 milliards de dollars.

Pourquoi ces institutions de crédit ont-elles été aussi pousse-au-crime ? Et pourquoi cette crise locale, qui aurait pu rester circonscrite aux États-Unis, s'est-elle répandue sur la totalité de la planète ? La réponse se trouve dans un phénomène bien connu, aujourd'hui, du grand public : la titrisation.

Il s'agit d'une opération grâce à laquelle vous transformez une créance que vous détenez en un actif financier que vous pouvez échanger sur un marché. Le jeu auquel se sont livrées les institutions financières qui ont échangé sur les marchés internationaux les titres de créances *subprime* ressemble à celui de la patate chaude : j'ai une énorme créance sur un ménage précaire, sans doute insolvable, qui me brûle les doigts, je la transmets immédiatement à un autre investisseur, qui la transmet à son tour à un autre, etc. À chaque opération, chaque intervenant prend une petite commission bien sûr – rien de tout cela n'est gratuit. Et finalement cela finit par atterrir dans le bilan des grandes banques européennes, et même en Chine, au Japon, etc. De sorte qu'au moment où des centaines de milliers de ménages pauvres américains cessent de payer leurs traites, la réaction en chaîne des faillites se propage sur toute la ligne de transmission de l'actif titrisé. On se rend compte en quelques semaines que ces créances qui ont été transmises au monde entier ne valent plus rien parce qu'elles ne seront jamais remboursées.

Évidemment, la procédure que l'on vient de décrire est caricaturale de simplicité. Les maillons de la chaîne n'eussent-ils pas dû s'interroger sur la fiabilité de la créance qu'ils achetaient ? C'est ici que les agences de notation interviennent : en accordant des AAA sans sourciller à ces produits pourtant fort suspects, elles ont largement contribué à anesthésier la vigilance des opérateurs financiers.

Un second procédé est venu, à son tour, complexifier le phénomène : le *tranching* – qu'on pourrait traduire par « le procédé du mille-feuille ». En quoi consiste-t-il ? Je prends la créance que je détiens sur tel ménage de Cleveland et je la mets dans un mille-feuille avec d'autres créances. Comme dans tout mille-feuille, la surface est délicieusement sucrée : ce sont les créances les plus sûres (les tranches dites *senior*). Au milieu, c'est déjà moins tendre (ce sont les tranches *mezzanine*) et, au-dessous, je place cette créance douteuse (parmi les tranches *equity*). Ces mille-feuilles ont reçu le nom de CDO : *Collateralized Debt Obligation*. Les premiers CDO ont vu le jour durant la décennie 1990. En 2006, le montant des émissions de CDO a atteint 470 milliards de dollars dans le monde. En 2007, le marché des CDO représentait 2 500 milliards de dollars, l'équivalent du PIB français. Entre-temps étaient apparus des CDO au carré (c'est-à-dire des mille-feuilles de mille-feuilles). Au début de l'année 2007, certains financiers envisageaient même de créer des CDO au cube... Heureusement, la crise les en a dissuadés.

Comment convaincre un investisseur d'acheter ce genre de dérivé de crédit ? Avec les mêmes arguments, ou presque, que ceux de votre pâtissier préféré : « Regarde ce mille-feuille, regarde sa surface, la légèreté du sucre glace... Cela rapporte beaucoup et c'est noté triple A par les agences de notation. Ce qui est au fond du mille-feuille peut parfois, c'est vrai, se révéler un peu dangereux, mais cela rapporte tellement ! Et puis il n'y a aucun risque que la totalité du mille-feuille fasse faillite en même temps. Cela n'arrive jamais, tu le sais bien. » En vérité, le procédé du mille-feuille rend encore plus compliquée l'évaluation de la dangerosité du produit structuré puisque, cette fois, le problème posé n'est plus seulement le défaut éventuel de tel ou tel émetteur, mais la question de l'effet domino sur la totalité du mille-feuille.

Mesurer l'effet domino ?

Avant de devenir jésuite, j'ai été consultant pour des banques d'investissement parisiennes : je faisais des calculs pour les *traders* qui échangeaient ce type de produits. Et je me rappelle avoir dit au début des années 2000 aux membres de la hiérarchie bancaire pour lesquels je travaillais : « Écoutez, vous voyez bien qu'en réalité on est incapable d'évaluer la dangerosité de l'ensemble d'un CDO. » Pourquoi ? Parce qu'on est incapable d'évaluer la corrélation entre le risque de défaut du bas du mille-feuille et du haut du mille-feuille. Supposez que vous ayez deux créances : une sur l'émetteur A et une autre sur l'émetteur B. Vous avez peut-être un moyen d'évaluer la probabilité que A puisse ne pas être en mesure d'honorer sa dette ; peut-être savez-vous aussi évaluer la probabilité que B fasse défaut. En revanche, la probabilité conditionnelle que B fasse faillite dans le cas où A fait défaut est à peu près impossible à calculer. Parce que personne ne dispose d'un historique où l'émetteur A aurait fait, disons, 50 fois faillite et l'émetteur B, 35 fois, pour que l'on puisse calculer la fréquence conditionnelle avec laquelle l'un et l'autre ne tiennent pas leurs promesses financières. Aujourd'hui encore, et pour la même raison, la corrélation des défauts entre émetteurs est à peu près impossible à estimer autrement qu'au doigt mouillé. Au début des années 2000, mes commanditaires m'ont répondu : « Écoute, mon garçon, tu nous casses les pieds. Tu vois bien qu'on gagne tellement d'argent... Pourquoi veux-tu nous empêcher de faire la fête ? »

Certes, je n'avais pas du tout anticipé la crise qui est advenue – en particulier parce qu'étant entré dans la vie religieuse en 2004, j'ai complètement déserté les « marchés ». Mais dès avant 2004 nous étions plusieurs à remarquer qu'en réalité toutes les banques calculaient la corrélation de leurs produits structurés de crédit de manière fantaisiste. De sorte que l'on était incapable d'évaluer l'effet domino. C'est sans doute ce qui a rendu le cataclysme de 2007-2008 d'autant plus dévastateur : à partir du moment où le bas du mille-feuille s'est effondré, la panique s'est étendue à la totalité du mille-feuille à une vitesse fulgurante. Pourquoi ? Parce que tous les opérateurs financiers se sont rendu compte simultanément qu'ils avaient des créances douteuses et qu'ils ignoraient complètement le risque de corrélation entre les tranches des produits structurés de crédit. Un vent de panique a soufflé, dont il se peut qu'il ait même conduit certains intervenants affolés, passant d'un excès à l'autre, à sous-évaluer la valeur de leurs produits complexes – un symptôme cyclothymique dont nous allons voir qu'il n'est pas accidentel (cf. chap. 3).

Le développement industriel des procédés de *tranching* au début des années 2000 n'est pas étranger à la hausse du prix de l'immobilier américain. En effet, il est facile de comprendre que la possibilité de collatéraliser un prêt par une maison fait mécaniquement augmenter la valeur du collatéral : en plus de sa valeur intrinsèque, cette maison représente désormais la possibilité d'accéder à un crédit. Si, de surcroît, ce collatéral peut être découpé en tranches et servi à différents clients, cela fera encore augmenter le prix de la maison. Pourquoi ? Parce qu'une glace aux fruits acquiert plus de valeur si vous pouvez la découper en « glace aux fruits rouges » et « glace au citron » pour vendre chaque « tranche » à son gourmet favori. Nul doute que les autorités de contrôle financier n'ont aucunement cherché à brider les techniques de *tranching* parce qu'elles ont cru que ce phénomène accélérerait l'avènement d'une « société des propriétaires [5] ».

Le plus surprenant, dans le cataclysme financier débuté au cours de l'été 2007, réside peut-être dans l'énormité des pertes qui ont été essuyées par les institutions financières. Car, si l'on prend à la lettre la métaphore du jeu de la « patate chaude » que j'ai évoquée plus haut, en cas de problème, ceux qui étaient situés en bout de chaîne eussent dû faire les plus grosses pertes. Les plus gros acteurs du « bout de la chaîne » sont, en général, des investisseurs de long terme : des fonds de pension ou des compagnies d'assurance. Or, par un paradoxe qui va s'éclairer aussitôt, ce ne sont pas eux qui ont été les premières victimes du *krach* financier : sur les 1 400 milliards de dollars d'exposition au risque *subprime* qui ont été perdus dans la tempête, près des deux tiers l'ont été par de grandes banques internationales, ainsi que des fonds spéculatifs [6]. Autrement dit : les institutions financières les plus sophistiquées de la planète ! Comment est-il possible que les acteurs les plus malins de ce grand « jeu international », et ceux-là mêmes qui en ont inventé les règles, aient réussi à s'autodétruire de la sorte ? La raison en est simple : ces institutions ne se sont pas contentées de transmettre à d'autres la « patate chaude ». Si elles l'avaient fait, ladite patate n'aurait pas figuré sur leur bilan, et elles n'auraient eu à affronter que les dégâts collatéraux de la tempête. C'est d'ailleurs ce qui est arrivé à certaines banques qui, de fait, ont accusé beaucoup moins de pertes que les autres. Cela ne veut pas dire qu'elles n'ont jamais joué avec les crédits *subprime* mais, simplement, qu'elles ont eu l'intelligence de se débarrasser à temps du risque qu'ils véhiculaient. Pourquoi tant d'autres ont-elles été piégées ? Parce qu'elles ont accordé des crédits ou vendu des créances eux-mêmes hypothéqués sur ces crédits *subprime*. De sorte qu'elles ont non seulement conservé un certain nombre de « patates » dans leur bilan mais elles ont pris de nouveaux risques « garantis » par ces *hot potatoes*. Quand la tempête est venue, non seulement une partie de leurs débiteurs se sont retrouvés en difficulté pour rembourser leurs dettes, mais encore les actifs que ces institutions financières détenaient comme garantie en cas de défaut de remboursement ne valaient plus rien. Beaucoup de débiteurs ont eu alors beau jeu de céder le gage qu'ils avaient laissé en pension, plutôt que de tenter de rembourser leur dette. Le risque de défaut s'est donc matérialisé encore plus vite, tandis que les digues (*i.e.* le collatéral), qui étaient supposées protéger les institutions financières, se sont effondrées à cause, précisément, du déclenchement de la tempête.

On pourrait se contenter d'en conclure qu'il convient d'encadrer la titrisation, de manière, par exemple, que des créances du type *subprime* ne puissent plus jamais être acceptées par les institutions financières en collatéral d'autres transactions par ailleurs légitimes. Cet encadrement est nécessaire. À ce jour, il n'a été que très partiellement imposé dans les réformes financières. Le point que l'on voudrait souligner ici, cependant, c'est que, même mené à son terme, un tel encadrement ne suffira sans doute pas à ramener la confiance.

La titrisation a joué un rôle majeur dans la déresponsabilisation des institutions autorisées à accorder des crédits. Elle a transformé le métier de banquier de « gestionnaire avisé du risque » en « chasseur de (sub)primes ».

La plupart des économistes analysent ce phénomène comme un problème d'aléa moral : le créancier n'est plus incité à exercer son métier avec vigilance puisqu'il ne porte plus le risque de crédit de son débiteur ; il sait qu'il pourra le revendre sur les marchés internationaux. De manière plus profonde, on peut comprendre l'effet pervers de la titrisation comme le résultat d'une opération qui a finalement consisté à transformer la relation de confiance entre un créancier et son débiteur en un bien de propriété privée : en revendant sur un marché le titre de créance, le créancier ne vend rien d'autre que la promesse qui le lie à son débiteur. Que cette promesse soit tenue et le produit titrisé tiendra lui-même son engagement. Que le débiteur initial fasse défaut et le produit titrisé lui-même se révélera être un poison. La titrisation consiste à métamorphoser le crédit, et la confiance qui l'accompagne, en une marchandise. Quoi de surprenant, dès lors, si toutes les transactions entre banques sont frappées de suspicion, au point que le marché interbancaire est dans le coma depuis 2008 ? Si la panique elle-même a mis par terre l'ensemble des marchés financiers, au point qu'un quart de la capitalisation boursière de la planète ait été perdu en 2008 ? Comment, en effet, faire confiance, comment « donner » sa confiance, si l'on sait que la promesse que l'on reçoit en retour ne vaut que le prix que certains opérateurs sont prêts à lui accorder ?

D'une certaine manière, 2008 a fait faire aux opérateurs financiers du monde entier l'expérience du risque terrible entrevu deux siècles plus tôt par le philosophe allemand Emmanuel Kant, à l'occasion de son dialogue avec Benjamin Constant au sujet du prétendu droit de mentir [7] : dès lors qu'il n'est plus défendu de mentir (par exemple, parce que la vérité serait devenue une marchandise, dont le poids est dicté par un prix de marché), la parole elle-même se trouve en quelque sorte « démonétisée » (l'adjectif dit combien le langage et la monnaie, ici, jouent des rôles structurellement analogues ; ce n'est pas un hasard, nous le verrons). C'est alors l'aspiration à la vérité elle-même qui est remise en cause : plus personne n'a la moindre raison de faire confiance à son interlocuteur. La parole elle-même devient impossible. *In fine*, c'est le lien social lui-même qui s'en trouve menacé.

Demain, tous propriétaires ?

Tous les observateurs étaient-ils dupes de l'énorme bulle des prix de l'immobilier ? Et de la bulle, plus énorme encore, sur les prix des actifs financiers dérivés du crédit ? Non. Alan Greenspan reconnaîtra lui-même, en 2007 :

« J'étais conscient que le relâchement des garanties demandées aux souscripteurs de prêts subprime *augmentait le risque financier et que les aides à l'accession à la propriété faussaient le marché. Mais je croyais à l'époque, et je le crois toujours, que les bénéfices de l'extension de la propriété immobilière valaient la peine de prendre ce risque*[8]*. »*

Un aveu à replacer dans le contexte d'une société nord-américaine dont certaines élites économiques ont fait de la déréglementation, du retrait de l'État et de la « société des propriétaires » un authentique projet de société. George W. Bush en avait fait un mot d'ordre explicite : « Je crois au rêve américain [...]. Être propriétaire de sa maison fait partie du rêve américain », déclarait-il à Atlanta, le 17 juin 2002. Et un an plus tard :

« Nous sommes en train de créer une société de propriétaires dans ce pays, dans laquelle toujours plus d'Américains auront la possibilité d'ouvrir la porte de l'endroit où ils

vivent, et diront : "Bienvenue dans ma maison", "Bienvenue dans ce que je possède [9]*".* »

Cette rhétorique est, certes, typique des républicains nord-américains. Toutefois, elle n'a pas vraiment été démentie par l'aile démocrate de la scène politique aux États-Unis. Peut-être parce qu'elle s'enracine dans le mythe d'inspiration jeffersonienne d'une société de propriétaires libres et égaux. Dès l'origine, un tel mythe ne pouvait qu'être ambigu : Thomas Jefferson, apôtre de la liberté, troisième président des États-Unis d'Amérique, n'a-t-il pas toute sa vie maintenu l'institution de l'esclavagisme, et vécu lui-même à la tête d'une centaine d'esclaves ? Ce mythe de la « société de propriétaires » n'en aura pas moins fini par tenir lieu, profondément, de « nouvelle frontière », à la manière dont la conquête de l'Ouest puis celle de la Lune (par exemple) ont constitué, pendant un temps, l'idéal régulateur de la société nord-américaine. Quand l'homme qui, à la tête de la Fed, fit la pluie et le beau temps sur les marchés financiers pendant dix-huit ans, concède que c'est l'espoir de permettre au plus grand nombre d'accéder à la propriété qui a provoqué ses erreurs d'appréciation du risque *subprime*, il est permis de faire l'hypothèse que son aveuglement participe d'une cécité qui frappe l'ensemble de la société.

Non que tous aient été aveugles : Edward Gramlich, l'un des gouverneurs de la Fed entre 1997 et 2005 [10], propose dès 2000 à Alan Greenspan d'enquêter sur les « prêts rapaces » (*predatory lending*) et les octrois abusifs de crédit, et d'inciter la banque centrale à les contrôler de manière plus stricte. Conscient de l'aversion du président de la Fed pour la réglementation, Gramlich ne l'a cependant jamais mise à l'ordre du jour officiel d'une réunion des gouverneurs de la Réserve fédérale. Il s'est contenté de l'évoquer dans une conversation personnelle avec Greenspan (qui affirmera devant le juge ne pas s'en souvenir). Et, en dépit de la réécriture opérée *ex post* par les médias américains en vue de faire de Gramlich le héros incompris qui avait « tout prévu [11] », ce dernier incarne, lui aussi, à sa manière, l'aveuglement d'une société pour qui l'accession à la propriété constitue une mission presque messianique [12]. En dépit de ses manifestations d'inquiétude sur le taux de non-remboursement des prêts, le gouverneur Gramlich s'est en effet montré très favorable au développement du marché des crédits *subprime* car ce dernier était censé permettre à un plus grand nombre d'Américains d'accéder à la propriété. Le fait que le marché des crédits *subprime* ait plus que doublé entre 2003 et 2006 est une « aubaine », estimait-il et, « malgré quelques mises en garde, le bilan social net des récentes tendances du marché est probablement très positif [13] ».

Aujourd'hui, la pyramide de Ponzi immobilière s'est écroulée. Le taux de propriétaires aux États-Unis est retombé à son niveau de 2001, le rêve de Bush ne s'est pas réalisé. Fin 2008, une maison sur 355 aux États-Unis était saisie, ou son propriétaire en défaut de paiement. Plus de trois millions de ménages ont perdu leur logement entre 2008 et 2012. Plusieurs milliers d'entre eux dorment dans leur voiture. C'est donc avec une ironie justifiée que l'historien Thomas Sugrue titre l'un de ses articles « Le nouveau rêve américain : la location », où il écrit :

« *[...] chaque génération a renouvelé le credo selon lequel ce sont les propriétaires qui assurent la défense de la nation. Pendant la guerre froide, les propriétaires constituaient l'armure morale qui protégeait l'Amérique des redoutables influences extérieures* [14]. »

Tout se passe comme si, à la faveur de l'extraordinaire propagande menée après-guerre contre le « péril rouge », les « propriétaires » étaient devenus le nouveau peuple messianique de la société américaine. La « révolution » reaganienne a permis à cette eschatologie de la propriété privée de survivre à la chute du mur de Berlin. Au début des années 2000, le mécanisme de titrisation, les prêts *subprime* et les aides toujours plus importantes du gouvernement au crédit immobilier ont accompagné l'accomplissement de cette « mission » :

« *Tout le monde pouvait devenir un investisseur, tout le monde pouvait devenir riche. La notion de "maison refuge" s'était transformée en "maison jackpot*[15]". »

En 2007, le candidat Nicolas Sarkozy, sans doute impressionné par l'apparente réussite des États-Unis, du Royaume-Uni et de l'Espagne, fut tenté de développer le crédit hypothécaire en France en levant les règles prudentielles aujourd'hui encore en vigueur, qui encadrent l'octroi de crédit [16]. Ainsi déclarait-il dans la *Revue Banque* en avril 2007 :

« *Les ménages français sont aujourd'hui les moins endettés d'Europe. Or une économie qui ne s'endette pas suffisamment, c'est une économie qui ne croit pas en l'avenir, qui doute de ses atouts, qui a peur du lendemain. C'est pour cette raison que je souhaite développer le crédit hypothécaire pour les ménages et que l'État intervienne pour garantir l'accès au crédit des personnes malades.* »

Le *krach* de 2007-2008 l'en a heureusement empêché. Reste que c'est cette utopie d'une « société de propriétaires » que la crise actuelle interroge. Est-ce bien l'idéal que nous voulons construire, nous, Européens ?

« Gagner plus » ou « toujours plus de croissance » sont-ils des impératifs plus féconds que « tous propriétaires » ? Et si tel n'est pas notre projet, quel est-il ?

Notes

1. Du nom de Charles Ponzi, qui devint millionnaire en six mois, durant les années 1920, à Boston, grâce à ce mécanisme élémentaire.
2. L'affaire Stavisky, en France, en 1934 ; celle du comptable américain Bernard Cornfeld en 1970 ; les Russes Mavrodi et Melnikova en 1990 (qui firent perdre 10 milliards de dollars à plusieurs millions de clients) ; le Japonais Kazutsugi Nami en février 2009 (126 milliards de yens) ; le Texan Allen Stanford, arrêté à peu près en même temps que son *alter ego* japonais ; le Libanais Salah Ezzedine, arrêté en avril 2010 et qui détient sans doute la palme de la promesse de rendements (60 % par an !) ; Ken Starr en mai 2010 ; la Québécoise Carole Morinville ; Sylviane Hamon, la « Madoff de Touraine », etc.
3. Cf. Didier Boulaud, « Albanie et Macédoine : deux pays des Balkans à ne pas oublier », Rapport d'information n° 287 (2005-2006), au nom de la délégation pour l'Union européenne, 4 avril 2006.
4. *Le Monde*, 15 novembre 2008.
5. Cf. Ana Fostel et John Geanakoplos, « Tranching, CDS, and Asset Prices: How Financial Innovation Can Cause Bubbles and Crashes », *American Economic Journal: Macroeconomics*, vol. 4, n° 1, 2012, p. 190-225.
6. Cf. D. Greenlaw, J. Hatzius, A. Kashyap, et H. Shin (2008), « Leveraged losses: Lessons from the Morgage Market Meltdown », US Monetary Policy Forum Report (http://research.chicagobooth.edu/igm/docs/USMPF_FINAL_Print.pdf).
7. Cf. Emmanuel Kant, *D'un prétendu droit de mentir par humanité* (1797), in *Opuscules relatifs à la morale*, trad. Jules Barni, Paris, Auguste Durand, 1855 ; Benjamin Constant, *Des réactions politiques* (1797), Paris, Flammarion, coll. « Champs », 1988.
8. Alan Greenspan, *The Age of Turbulence*, Londres, Penguin Press, 2007, p. 228.
9. George W. Bush, « Remarks at the National Association of Home Builders », Columbus, Ohio, 2 octobre 2004.

10. Proche du Parti démocrate, conseiller de Bill Clinton pour la réforme de la Sécurité sociale, et nommé par Clinton à la Fed, en 1997, pour diriger la Commission sur la protection des consommateurs.
11. Cf. « Fed Governor Edward M. Gramlich », *The Washington Post*, 6 septembre 2007.
12. Cf. « Greenspan Criticized for Characterization of Colleague », *The New York Times*, 9 avril 2010.
13. Edward Gramlich, « Subprime Mortgage Lending: Benefits, Costs and Challenges », 21 mai 2004 ; www.le-tigre.net/Edward-Gramlich-cassandre-des.html (page consultée en novembre 2013).
14. Thomas Sugrue, « The New American Dream: Renting », *The Wall Street Journal*, 14 août 2009.
15. Eugene N. White, « The Poor Are Better Off Renting », *The Wall Street Journal*, 10 février 2010.
16. Le crédit rechargeable, rendu légal par une ordonnance de mars 2006 en dépit de l'hostilité des associations de défense des consommateurs, autorise un ménage ayant remboursé une dette hypothécaire à contracter un nouvel emprunt gagé sur la partie remboursée. BNP Paribas a développé ce type de crédit sans grand succès en France.

Chapitre 2

UNE NOYADE PROGRAMMÉE ?

Comment passe-t-on du rêve d'une « société de propriétaires » et du *krach* des crédits *subprime* à la crise actuelle des dettes souveraines européennes ? La relecture la plus couramment diffusée par les médias voudrait que les deux crises ne soient reliées qu'en surface : la fragilité du secteur financier n'aurait été que le révélateur du fait que la totalité des pays industrialisés du Nord vivaient au-dessus de leurs moyens. Nous allons voir que le lien entre ces deux crises est autrement plus profond.

Pile, je gagne ; face, tu perds

La faillite de Lehman Brothers, le 15 septembre 2008, a constitué le deuxième acte du *krach* des crédits *subprime*. Lehman Brothers était l'une des cinq plus grandes banques du monde. Elle avait survécu à la crise de 1929. Pour la planète finance, Lehman était aussi éternelle que le lever du soleil, chaque matin [1]... Les banques du monde entier comprennent alors que les autorités américaines ne sont pas prêtes à les sauver toutes. Un second vent de panique souffle dans les salles des marchés des banques : « Si Lehman n'est pas à l'abri, qui le sera ? » On assiste alors à un assèchement brutal du marché interbancaire. Les banques cessent de se prêter les unes aux autres, ne sachant si leur interlocutrice ne sera pas la prochaine à s'effondrer. Heureusement, les banques centrales aux États-Unis, en Europe, en Angleterre, en Suisse et au Japon interviennent de manière massive et injectent une quantité énorme de liquidités pour permettre au marché interbancaire de continuer à fonctionner.

À l'issue de l'année 2008, la finance mondiale aura perdu 25 000 milliards de dollars (environ dix fois le PIB français) de capitalisation boursière. Pourquoi la faillite de Lehman Brothers a-t-elle eu cet effet cataclysmique ? La réponse tient notamment dans le sigle suivant : CDS (*Credit Default Swap*, couverture de défaillance). Il s'agit d'actifs financiers qui servent de contrats d'assurance sur le risque de crédit. On peut les échanger sur des marchés de gré à gré, c'est-à-dire des marchés qui, parce qu'ils ne sont pas régulés par une chambre de compensation qui y centralise l'offre et la demande, demeurent opaques même au regard des autorités de régulation des marchés. Le marché des CDS représentait environ 60 000 milliards de dollars à la veille de la crise de 2007, soit l'équivalent du PIB mondial.

Deux caractéristiques majeures distinguent les CDS de contrats d'assurance classiques : *primo*, vous pouvez vous assurer en achetant des CDS contre un risque que vous ne portez pas. Dans le jargon, cela se dit « prendre une position à nue » (ou encore « assurer la maison du voisin »). Ceci est évidemment interdit en droit des assurances, sans quoi vous pourriez être fortement tenté de mettre vous-même le feu à la maison voisine. *Secundo*, vous pouvez vous assurer plusieurs fois au moyen de CDS. Ceci est également interdit en droit des assurances sans quoi vous pourriez avoir intérêt à vous assurer quinze fois contre l'incendie de votre propre maison, puis à y bouter le feu vous-même. Ce qui est interdit pour un contrat d'assurance est autorisé pour un CDS : vous pouvez acheter plusieurs fois de la protection contre un risque qui ne vous concerne pas. Qui plus est, puisque ces actifs s'échangent sur des marchés opaques, vous pouvez faire tout cela sans que l'institution concernée (dont vous assurez les biens pour vous-même) n'en soit informée. Mieux encore, les institutions qui se livrent à ce genre de jeu peuvent fort bien ne pas être des banques mais des membres du secteur bancaire « de l'ombre » (*shadow banking*), c'est-à-dire des fonds spéculatifs ou des *special purpose vehicles* (SPV) et autres créatures institutionnelles qui permettent notamment aux banques de pratiquer des opérations invisibles sur leur bilan. L'une des caractéristiques principales de ces « fantômes » est qu'ils ne sont pas assujettis aux contraintes de ratios (en capital, en liquidités ou en réserves obligatoires) auxquelles les banques sont soumises. Conséquence : l'un de ces fantômes peut fort bien vendre des CDS alors qu'il ne disposera jamais du capital nécessaire pour assumer son rôle d'assureur en cas de « sinistre ».

À partir de novembre 2012, les positions à nu sur les CDS seront en principe interdites au sein de la zone euro. L'Europe a attendu bien trop longtemps avant de prendre cette excellente décision. Quelques exemples illustrent ce point qui n'a pas manqué de susciter de vifs débats entre professionnels de la finance et régulateurs.

La banque américaine CIT était spécialisée dans le prêt auprès des PME. Pour la vie du tissu économique américain, CIT était donc une banque cruciale. Pour survivre dans la tourmente des crédits *subprime*, en 2008, CIT a emprunté beaucoup d'argent auprès de la banque Goldman Sachs, qui, elle, semblait alors prospère. À tel point qu'à l'été 2009, CIT devait environ un milliard de dollars à Goldman Sachs. Incapable de faire face, la banque envoya ses meilleurs avocats pour négocier avec les juristes de Goldman Sachs, convaincue que ce n'était pas dans l'intérêt de Goldman que son client fît faillite, impliquant la perte sèche d'un milliard. Ô surprise, les juristes de Goldman Sachs se montrèrent intraitables, et CIT déposa le bilan. Cherchant à comprendre pourquoi Goldman avait été si âpre à la négociation, les limiers de CIT comprirent qu'une année plus tôt, en 2008, au moment où elle prêtait de l'argent à CIT, Goldman avait parié *contre* CIT en achetant des contrats CDS sur le dos de cette banque, sur un marché de gré à gré. Conclusion : Goldman gagnait plus d'argent si CIT faisait faillite que si elle réussissait à rembourser sa dette. Pile, je gagne ; face, tu perds.

Lorsque Lehman Brothers a fait faillite en septembre 2008, la planète finance s'est rendu compte avec étonnement que sa dette avait été assurée cinquante fois *via* des CDS. C'est la raison pour laquelle la faillite de Lehman a eu des effets cataclysmiques : le 15 septembre 2008, la planète a dû rembourser cinquante fois ceux qui avaient souscrit des assurances sur Lehman. Autrement dit, tout s'est passé comme si cinquante Lehman Brothers avaient fait faillite le même jour !

Aujourd'hui, certains financiers font valoir que les assurances contractées sur Lehman Brothers auraient toutes été payées dans le courant de l'année 2009, et n'auraient elles-mêmes provoqué aucun effet domino. Le grand public, ignorant, s'inquiéterait à tort au sujet des CDS, qui ne seraient décidément pas les bombes à retardement que décrivent les observateurs en mal de sensationnel. En vérité, la Société générale n'a été sauvée du jeu pervers des CDS que grâce aux contribuables américains ! Comme beaucoup de banques françaises, la Société générale avait acheté des produits *subprime* (des mille-feuilles et autres pâtisseries alléchantes) et s'était assurée contre les risques de pertes de ces produits par des CDS achetés auprès d'AIG, le premier assureur mondial. Le lendemain de la faillite de Lehman, AIG s'est révélé incapable d'honorer ses propres contrats d'assurance : l'État américain l'a donc nationalisé et a débloqué 85 milliards de dollars pour le sauver d'une faillite immédiate. Seule cette montagne d'argent a permis à AIG d'honorer ses contrats de CDS avec Goldman Sachs (à hauteur de 13 milliards) et la Société générale (12 milliards). (*In fine*, le sauvetage d'AIG aurait coûté 182 milliards de dollars aux Américains...) Si ces derniers n'avaient pas mis la main au porte-monnaie, sachant que la Société générale avait déjà essuyé une perte de 5 milliards d'euros à cause de l'affaire Kerviel début 2008, il est vraisemblable qu'elle eût été contrainte de se tourner vers le contribuable... français.

La Grèce, une « affaire » rentable ?

Autre exemple d'utilisation pernicieuse des CDS : la Grèce. Pour pouvoir entrer dans la zone euro, en 2001, Athènes devait satisfaire aux critères du pacte de stabilité : un déficit public annuel inférieur à 3 % du PIB, une dette publique inférieure à 60 %. La réalité est qu'à cette date elle n'y satisfaisait pas mais qu'elle a maquillé ses comptes publics pour donner le change grâce à des « experts » de Goldman Sachs, venus de New York l'aider à déguiser un prêt de long terme en un *swap*[2] trafiqué, dans la grande tradition des astuces d'Enron[3]. Eurostat, l'office statistique de l'Union européenne (UE), avait été averti du subterfuge mais rien n'y a fait : Bruxelles a béni l'adoption de la monnaie unique par Athènes ; la Grèce est même le seul pays dont la France ait soutenu l'entrée dans la zone euro. La Commission européenne a-t-elle été dupée ? Il suffisait pourtant d'examiner les adjudications bihebdomadaires athéniennes pour découvrir le pot aux roses [4]. Peut-être certains fonctionnaires à Bruxelles ont-ils fermé les yeux, estimant que l'essentiel était qu'Athènes entrât dans la zone euro ? N'allait-elle pas s'inscrire dans un cercle vertueux, bénéficier des fonds structurels européens, ouvrir son marché aux produits nord-européens ?

Il est vrai que Siemens, par exemple, a tiré des bénéfices substantiels des prêts européens accordés par les banques nord-européennes à la Grèce. La multinationale allemande et ses associés internationaux ont vendu à Athènes la digitalisation des centres téléphoniques de l'OTE, organisme grec des télécommunications, le système de sécurité C4I acheté à l'occasion des Jeux olympiques de 2004 et qui n'a jamais fonctionné, le matériel des chemins de fer grecs (SEK), du système de télécommunications Hermès pour l'armée, de coûteux équipements pour les hôpitaux, etc. De même ThyssenKrupp a-t-elle vendu à Athènes pour 5 milliards d'euros de sous-marins. La Grèce, cette immense superpuissance européenne, a été l'un des cinq plus gros importateurs d'armes en Europe entre 2005 et 2009. L'achat d'avions de combat (dont 25 Mirage 2000 à la France) représente à lui seul 38 % du volume de ses importations [5]. Les dépenses militaires grecques représentaient 4 % du PIB en 2009 contre 2,4 % pour la France, 2,7 % pour la Grande-Bretagne et 1,4 % pour l'Allemagne. Au sein de l'OTAN, seuls les États-Unis dépensaient proportionnellement plus d'argent qu'Athènes pour leur défense militaire (4,7 % du PIB).

Les « affaires » entre le Nord européen et la Grèce n'ont pas cessé avec le déclenchement de la crise de la dette publique. En 2010, la Grèce a acheté à la France six frégates de guerre (2,5 milliards d'euros) et des hélicoptères de combat (400 millions d'euros). Ces lucratives transactions commerciales auraient-elles pu avoir lieu sans l'appartenance de la Grèce à la zone euro ? Probablement pas : le volume des prêts des banques étrangères à la Grèce a été multiplié par 4 entre 2000 et 2007. Ce soudain engouement des prêteurs pour la Grèce n'a qu'une explication : l'assurance que, en cas de problème, les contribuables européens seraient mis à contribution pour rembourser les dettes grecques. C'est exactement ce qui risque d'arriver aujourd'hui.

« La Banque »

Revenons aux CDS. On découvre depuis 2010 qu'un grand nombre d'institutions financières ont acheté des CDS sur la Grèce. Goldman fait-elle partie de ceux qui détiennent des CDS sur la Grèce ? C'est fort vraisemblable, même s'il est difficile de l'affirmer compte tenu de l'opacité des marchés de gré à gré. En février 2012, la moitié de la dette publique grecque détenue par les banques européennes privées (soit un quart seulement de la dette grecque) a été restructurée. L'une des difficultés qui ont entouré les négociations tenait précisément au fait que personne ne savait, au juste, qui était « assuré » (et « assureur ») sur la Grèce. Non que les autorités publiques européennes eussent cherché à tout prix à défendre les vendeurs de CDS (qui doivent rembourser leurs contreparties en cas de « sinistre »), mais parce qu'une partie de ces vendeurs risquaient de se retrouver eux-mêmes incapables d'honorer leurs engagements. De sorte que la restructuration pouvait provoquer des faillites en chaîne.

Dit autrement, l'opacité des marchés de gré à gré rend l'évaluation de l'effet domino encore plus périlleuse (cf. chap. 1). Heureusement, la restructuration de février 2012 n'a pas provoqué le chaos redouté : le volume des CDS sur la Grèce a convergé, fin 2011, vers un montant d'environ 3 milliards d'euros net, suffisamment faible pour ne pas alimenter un *risque systémique*[6]. Mais les négociations de la restructuration ont été en grande partie retardées par l'incertitude qui pesait sur les CDS. Or, en matière d'annulation de dette, gagner du temps en accordant des prêts qui permettent de rembourser d'anciennes dettes revient à ne pas sortir du cercle infernal du surendettement et à prolonger la durée de la peine. Le même problème ne manquera pas de se poser lors de la prochaine (inévitable, comme nous le verrons plus bas) restructuration de la dette grecque.

Pourquoi les vendeurs de CDS ont-ils vendu ces contrats d'assurance si, au fond, ils ne pouvaient pas jouer leur rôle d'assureurs ? Parce qu'en 2003 ou 2004, mis à part Goldman Sachs et quelques fonctionnaires luxembourgeois et bruxellois, personne ou presque ne sait que la Grèce a truqué ses comptes publics. De même, en 2008, personne hormis la banque new-yorkaise ne sait que CIT est en si mauvaise posture. C'est donc volontiers que certains vendent de la protection contre un risque dont ils estiment la probabilité proche de zéro. Et, bien entendu, ils la vendent « bon marché ».

On s'étonnera sans doute qu'une banque aussi vénérable que Goldman Sachs puisse se livrer à de telles opérations. Le temps des austères banquiers calvinistes est-il révolu ? En témoigne la lettre de démission de Greg Smith de ses fonctions de directeur exécutif de Goldman Sachs, responsable du département des produits dérivés pour l'Europe, le Moyen-Orient et l'Afrique. Elle a été publiée le 14 mars 2012 par le *New York Times*, et constitue un document historique.

« Aujourd'hui, c'est mon dernier jour chez Goldman Sachs. Après douze ans passés dans la société [...] je crois y avoir travaillé assez longtemps pour comprendre l'évolution de sa culture. Et je peux dire en toute honnêteté que l'environnement y est désormais plus toxique et destructeur que jamais. Pour décrire le problème en termes simples, les intérêts du client continuent de passer au second plan dans la façon dont fonctionne la société. Goldman Sachs est l'une des plus grandes et des plus puissantes banques d'investissement de la planète, et elle est beaucoup trop intégrée à la finance planétaire pour continuer à agir de la sorte. Elle a tellement dévié, par rapport à ce qu'elle était quand j'y suis entré, que je ne peux plus, en mon âme et conscience, m'identifier à ce qu'elle incarne. [...]

« Comment en sommes-nous arrivés là ? Autrefois, il importait de donner l'exemple et de faire ce qu'il fallait. Aujourd'hui, si vous rapportez assez à l'entreprise (et n'êtes pas un tueur psychopathe), vous serez promu à un poste influent.

« Quels sont les trois moyens les plus rapides de grimper les échelons ?

« a) Rentabiliser les "intérêts" de la société, autrement dit convaincre ses clients d'investir dans les actions et autres produits dont nous cherchons à nous débarrasser parce qu'ils n'ont qu'un faible potentiel de rendement.

« b) Partir à la "chasse à l'éléphant" : pousser ses clients à acheter ce qui sera le plus profitable pour Goldman. Vous allez peut-être me trouver démodé, mais je n'aime pas vendre à mes clients un produit qui n'est pas bon pour eux.

« c) Se retrouver à un poste où l'on a comme mission de négocier des produits opaques affublés de sigles à trois lettres[7].

« J'espère que cela pourra ouvrir les yeux des membres du conseil d'administration. Replacez le client au centre de vos préoccupations. Sans clients, vous ne gagnerez pas d'argent. Écartez les gens moralement corrompus, peu importe combien ils rapportent à l'entreprise. Et renouez avec votre culture, de sorte que l'on ait envie de travailler chez vous pour les bonnes raisons. Ceux qui ne pensent qu'à se remplir les poches n'enrichiront pas la société encore très longtemps. »

Greg Smith.

L'effet boule de neige

On l'aura compris : l'introduction des CDS est extrêmement pernicieuse en ceci qu'à l'instar de la titrisation elle détruit toute relation de confiance. N'importe quelle entreprise, n'importe quel État qui emprunte de l'argent auprès d'une banque a désormais quelque raison de se dire : « Elle me prête de l'argent et au même moment, elle est peut-être en train de parier contre moi. Je ferais donc peut-être mieux de ne pas accepter l'argent qu'elle veut me prêter ? » Certes, les transactions de CDS sont légales. Certes, une banque a besoin de se couvrir contre le risque de n'être pas remboursée. Mais les banques n'ont pas attendu la création des CDS pour faire le métier d'institutions de crédit. Et le résultat, aujourd'hui, de la généralisation des CDS est que toute relation marchande mettant en jeu une institution financière est entachée d'un soupçon : mon partenaire commercial joue-t-il *avec* moi ou *contre* moi ?

Il est assez vraisemblable que les CDS ont joué un rôle majeur, quoique discret, dans le déclenchement du *krach* des *subprimes*. En effet, jusqu'en 2005, les CDS n'étaient disponibles sur le marché américain que comme outils d'assurance sur les titres d'entreprises et sur les dettes souveraines. C'est à la fin de l'année 2005 qu'une version « industrielle » de ce type de contrat a commencé à se répandre sur le marché des prêts immobiliers. Ils ont immédiatement été échangés en très grande quantité sur ce marché dès 2006. Or, on l'a vu, à partir du moment où un investisseur peut acheter un CDS contre un risque qu'il ne porte pas, cela signifie qu'il peut parier à la baisse sur un actif sans même acheter cet actif. Ce fut le cas pour une grande partie des investisseurs qui achetèrent massivement des CDS sur les crédits hypothécaires en 2006 : en réalité, beaucoup d'entre eux comprenaient parfaitement que le marché immobilier était surévalué et que la bulle des crédits *subprime* éclaterait tôt ou tard. Les ventes à découvert à nu de CDS ont permis aux « pessimistes » d'exercer un formidable effet de levier sur le prix des dérivés financiers construits sur les crédits *subprime*. Lorsque l'étincelle d'un léger redressement des taux courts par la Fed est apparue, fin 2005, elle a embrasé la totalité d'un édifice inondé des produits inflammables que sont les CDS.

Dans le cas européen, l'usage des CDS aurait pu contribuer à précipiter l'implosion de la zone euro. Tout d'abord parce que la « prime de risque » incluse dans le prix d'un CDS est interprétée (à tort) comme le reflet de l'appréciation du risque de défaut sous-jacent par les marchés. En effet, le prix auquel s'échange un CDS est plus ou moins élevé en fonction de l'appréciation du risque de défaut. Plus ce risque est élevé, plus le contrat d'assurance vaudra cher. Cela ne veut pas dire, à l'inverse, que, si le contrat d'assurance est hors de prix, le risque de défaut sous-jacent revêt *ipso facto* de grandes chances de se matérialiser ! Il se peut fort bien, par exemple, que ce prix augmente simplement parce que la demande pour ce type de contrat s'accroît – et ce, uniquement pour des raisons spéculatives – et aucunement parce que tout le monde pense que le risque sous-jacent augmente. C'est pourtant cette erreur d'interprétation élémentaire que font les observateurs du marché des CDS (qui croient que les marchés financiers fonctionnent comme les marchés de biens et services de la théorie économique). Conséquence ? Parce que la prime de risque sur les CDS de la Grèce s'est envolée au cours des années 2009-2010, beaucoup ont cru que cela signalait un prochain défaut grec. Du coup, nombre d'investisseurs se sont mis à réclamer des taux de plus en plus élevés pour prêter à la Grèce ; et Athènes a fini par être victime de l'effet boule de neige, dès janvier 2010. De sorte que, en effet, la Grèce finira par faire défaut sur sa dette – « donnant raison » *a posteriori* aux marchés.

L'effet boule de neige est le phénomène dont est victime un pays lorsqu'il emprunte à un taux d'intérêt réel supérieur à son taux de croissance. La dette grandit alors plus vite que le pays lui-même. À moins qu'il ne puisse dégager des excédents budgétaires massifs (ce qui n'est à l'ordre du jour d'*aucun* pays européen depuis longtemps et pour de nombreuses années encore), *sa dette publique continuera d'augmenter mécaniquement.* C'est ce qui arrive à la Grèce depuis la fin de l'année 2009. Les plans d'austérité imposés par la Troïka (FMI, BCE, Commission européenne) sont tout simplement, et d'emblée, voués à l'échec parce qu'ils sont la condition d'octroi de prêts à 6 % l'an, en moyenne, alors que le taux de « croissance » de la Grèce, en 2011, était inférieur à −7,5 %. (Si Athènes s'aventurait de nouveau sur les marchés, il lui faudrait s'acquitter d'un taux de 30 %!) Au contraire, en provoquant une récession telle que ce pays n'en a jamais connu depuis la Seconde Guerre mondiale, le plan d'ajustement structurel y accélère l'effet boule de neige. Compte tenu de la décroissance massive du pays, n'importe quel taux d'intérêt positif continuera de faire grossir automatiquement la boule de neige de dettes. Il faudrait que l'Europe prête à des taux négatifs (ce qui reviendrait à *donner* de l'argent ou à annuler une partie de la dette) à la Grèce pour ne fût-ce que ralentir le phénomène. L'usage qui a été fait des prêts à la Grèce entre 2000 et 2007, ajouté au fait qu'une partie de la dette publique grecque actuelle est un héritage de la dictature des colonels, plaide d'ailleurs pour la mise en place d'une commission d'audit indépendante de sa dette publique, à la manière de ce qu'a fait l'Équateur en 2007-2008, et pour l'annulation de la part illégitime de cette dette [8].

Qu'adviendra-t-il, en tout état de cause, lorsque la boule de neige provoquera une avalanche? La Grèce fera défaut sur tout ou partie de sa dette publique. En réalité, les édiles européens et les financiers l'ont parfaitement compris. L'échafaudage que nous construisons à la hâte pour tenter de gagner du temps (le mécanisme européen de stabilité, notamment) vise-t-il, dès lors, à sauver la Grèce (l'Espagne, l'Italie, etc.) ou bien d'autres acteurs, notamment le secteur bancaire d'Europe occidentale?

L'Islande, un cas d'école

L'origine de la crise des crédits *subprime* est ainsi liée à l'irresponsabilité avec laquelle le secteur financier a réalisé des opérations de titrisation de dettes et de hors-bilan qui, au lieu d'améliorer la couverture du risque, ont inoculé un poison mortel à l'ensemble des acteurs financiers de la planète. En 2008, les États sont donc intervenus, à juste titre, pour sauver les banques qui pouvaient l'être encore. Contrairement à ce qui est si souvent affirmé, c'est bien de ce sauvetage (et des différentiels de compétitivité entre pays de la zone euro, j'y reviendrai) que provient l'essentiel du problème de la dette publique européenne.

L'Islande illustre à merveille le processus. En 2008, son système bancaire, en faillite, a accumulé une dette privée représentant sept fois le PIB du pays : l'État décide sa nationalisation en 2009. Le peuple islandais entreprend alors le siège pacifique du palais présidentiel en agitant des casseroles, selon la méthode argentine du *cacerolazo*, et finit par chasser la droite du gouvernement. Les élections du printemps 2009 conduisent au pouvoir une coalition formée de sociaux-démocrates, de féministes, d'ex-communistes et du Mouvement des verts. Résultat d'autant plus inédit qu'une femme est nommée Premier ministre, Jóhanna Sigurðardóttir.

Entre-temps, Bruxelles, Londres et Amsterdam exercent une forte pression sur la petite île pour qu'elle rembourse au moins les 3,9 milliards d'euros de dette de la banque en ligne Icesave : ses créanciers sont au Royaume-Uni et aux Pays-Bas. Pression d'autant plus efficace que l'Islande est candidate à l'entrée dans l'Union européenne et dans la zone euro. Le nouveau gouvernement fait voter en janvier 2010 une loi autorisant un remboursement qui obligera *chaque* Islandais à débourser 100 euros par mois pendant huit ans.

Coup de théâtre : le président de la République, Ólafur Ragnar Grímsson, refuse de signer le texte de loi, et le soumet à un référendum. Faut-il oui ou non rembourser ceux qui, en prêtant de manière irréfléchie des sommes ahurissantes à Icesave, ont contribué à la ruine du pays ? À plus de 93 %, les Islandais votent contre, le 6 mars 2010. Le 16 février 2011, cependant, nouvelle tentative : le gouvernement fait approuver par le Parlement un remboursement renégocié et rééchelonné de la dette. *Bis repetita placent* : le président soumet la décision à un nouveau référendum, le 9 avril, qui se solde par un refus.

Le 27 novembre 2010, une Assemblée constituante est élue à Reykjavík, chargée d'écrire les nouvelles lois fondamentales du pays. Il y a, d'abord, un appel à candidatures : tout citoyen adulte soutenu par au moins trente de ses pairs peut se porter candidat ; 522 Islandais se présentent finalement, parmi lesquels vingt-cinq constituants sont élus. Ils reçoivent pour mission de réécrire entièrement la Constitution de 1944, à la lumière de la crise de 2008.

La « Révolution islandaise » se déroule sans guillotine. L'un de ses principaux actes fondateurs sera, non pas une bataille de Valmy ambiguë, « gagnée » sans combat contre des monarchistes prussiens, mais le refus des citoyens de payer la faillite de leurs banquiers. Cette bataille-ci sera-t-elle plus facile à gagner ? La population islandaise ne compte que 320 000 habitants. Comment peut-elle oser défier la logique de tant d'acteurs financiers qui, depuis des années, consiste à privatiser leurs profits et à mutualiser leurs pertes ?

L'origine privée de certaines dettes publiques

Pour comprendre que le cas islandais est, non une exception, mais une illustration du lien qui unit dettes bancaires et dettes publiques, il faut rappeler que le privé, en Europe, est bien plus lourdement endetté que le public : 140 % du PIB européen, contre 88 % pour la dette publique en 2011.

Le graphique 3 montre, pour la zone euro, la stagnation (voire la baisse) du ratio dette publique/PIB jusqu'en 2008, et l'explosion du ratio dette privée financière/PIB. Autre fait remarquable, et propre à la zone euro, ce dernier ratio ne décroît pas après le *krach* de 2008 : là où toutes les autres grandes zones économiques du monde touchées par la faillite de Lehman et la crise des *subprimes* se sont engagées dans un désendettement du secteur privé, la sphère financière de la zone euro, elle, poursuit son *business as usual*.

Graphique 3. Endettement en zone euro 1995-2011 (en % du PIB)

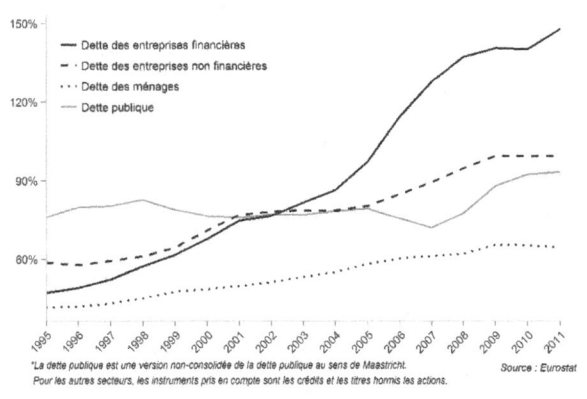

*La dette publique est une version non-consolidée de la dette publique au sens de Maastricht. Source : Eurostat
Pour les autres secteurs, les instruments pris en compte sont les crédits et les titres hormis les actions.*

Lecture : en 2011, l'endettement des entreprises privées financières européennes est voisin de 150 % du PIB de la zone euro.

Les dettes comptabilisées dans ce graphique sont celles des acteurs économiques des pays de la zone euro. Plusieurs leçons méritent d'en être tirées. *Primo*, la dette publique est loin d'être la plus lourde aujourd'hui : elle n'arrive qu'en troisième position, après celle des institutions financières et celle des entreprises non financières. Le seul acteur moins endetté que la puissance publique, ce sont les ménages. *Secundo*, la dette publique stagnait depuis le milieu des années 1990, voire connaissait une légère décrue avant que le *krach* de 2007-2009... ne la fasse repartir à la hausse. *Tertio* : tous les acteurs tentent de ralentir leur endettement depuis 2008 *sauf* la sphère financière. Après une courte pause en 2009, sa course à l'endettement reprend de plus belle.

À ce sujet, un point de méthode : nous avons comptabilisé, ici, les dettes non-consolidées entre institutions financières parce qu'elles offrent un paysage beaucoup plus réaliste de l'état d'endettement des banques et des fonds que leurs dettes consolidées. Pourquoi ? Supposons qu'une banque A ait une dette de 100, exigible dans 6 mois, auprès d'une banque B. Admettons, de surcroît, que B ait une dette de 50 exigible dans 10 ans auprès de A. Le secteur bancaire constitué de A et B affichera une dette consolidée de 50, tandis que sa dette non consolidée sera de 150. Or, si A est dans l'incapacité de rembourser sa dette de 50 auprès de B, dans 6 mois, qui peut croire qu'elle pourra faire valoir que, dans 10 ans, B lui devra 100, pour s'abstenir d'avoir à s'acquitter de sa dette ? La banque A fera faillite même si, à terme, elle eût été parfaitement solvable puisque son actif, en réalité, est supérieur à son passif. Seulement, les différences de maturité des dettes et des créances font qu'un simple retard dû à des difficultés de liquidité rencontrées par la banque A peut la mettre au tapis. C'est exactement ce qui est arrivé à Lehman Brothers.

Que la sphère financière n'ait nullement entamé sa phase de désendettement est particulièrement criant en Espagne (plus de 220 % du PIB de dettes privées en 2012). Les finances publiques ibériques étaient exemplaires en 2007 : la dette publique de Madrid n'excédait pas 40 % du PIB. En quatre ans, elle a été presque multipliée par deux. Serait-ce parce que le gouvernement espagnol s'est mis à recruter des millions de fonctionnaires payés à ne rien faire ? Certes, certains fonds structurels européens ont sans doute été mal investis au cours de la décennie, en particulier ceux qui ont permis de financer des infrastructures. Mais, pour l'essentiel, cette explosion de la dette publique espagnole est due à la faillite de son secteur bancaire. Contrainte de recapitaliser ses *cajas* (caisses d'épargne) les unes après les autres, la péninsule, d'exemplaire qu'elle était, connaît à son tour un niveau d'endettement analogue (quoiqu'inférieur) à celui de la France ou de l'Allemagne. Pourquoi, dans ces conditions, les marchés financiers rechignent-ils à prêter à Madrid, sinon à des taux d'intérêt exorbitants ? Parce qu'ils savent que, le secteur bancaire espagnol étant en faillite virtuelle, le pays ne se relèvera plus tant que son passif bancaire n'aura pas été réglé d'une manière ou d'une autre. On estime en effet à environ 900 milliards d'euros le montant des dettes que le secteur bancaire espagnol a accumulées à l'automne 2012, et qu'il est pour l'instant rigoureusement incapable de rembourser.

L'exemple irlandais est encore plus caricatural : à l'automne 2010, la quasi-totalité du secteur bancaire irlandais a fait faillite alors que, trois mois plus tôt, il avait passé avec succès les tests de résistance aux risques extrêmes commandités par la Banque centrale européenne (BCE[9]). Le paradis fiscal irlandais décide alors de nationaliser l'ensemble de ses banques. Contrairement, toutefois, à l'Islande, le gouvernement irlandais choisit, sans consulter ses citoyens, de prendre à son compte l'essentiel des dettes bancaires et de s'efforcer de les payer : la dette publique irlandaise passe alors de 25 % du PIB à... 100 % en un an.

Et en France ? Selon l'Association française des banques, le secteur bancaire n'aurait rien coûté au contribuable. Nous avons vu pourtant que la Société générale doit sa survie au contribuable américain. En outre, Natixis, la banque d'investissement, filiale des Caisses d'épargne et des Banques populaires, a aussi été sauvée grâce à l'épargne des Français. (Ce rapprochement de Natixis, en quasi-faillite, avec BPCE est donc l'exact contraire de ce que vise une séparation bancaire : au lieu d'obliger Natixis [et ses actionnaires] à assumer le coût de ses erreurs, l'État a autorisé le « branchement » de cette banque moribonde sur la manne de liquidité que représentent les dépôts de BPCE.) Et le sauvetage de Dexia aura coûté, en 2011-2012, environ 12 milliards d'euros aux contribuables français et belges. Et ce n'est pas tout : certaines collectivités locales, à court d'argent, risquent fort de se trouver incapables, elles aussi, de rembourser leurs dettes vis-à-vis de Dexia dans les mois ou les années qui viennent.

Les deux seuls pays de la zone euro dont les finances publiques sont intrinsèquement problématiques sont l'Italie et la Grèce. Le cas italien n'est pas nouveau puisqu'il remonte au moins aux années 1990. Or plus de 60 % de la dette italienne est détenue par des Italiens, comme au Japon[10]. N'était l'interdit, par les traités européens, du financement des dettes publiques par la BCE [11], le recyclage de la dette par les nationaux permettrait vraisemblablement à l'Italie d'échapper à l'implosion qui la menace aujourd'hui. Quant à la Grèce, son PIB est inférieur à celui du département des Hauts-de-Seine ! Ce devrait être un non-sujet...

Au total, si l'on estime qu'il est urgent que l'Europe réduise ses dettes, alors le bon sens voudrait que l'on commence par s'attaquer au secteur le plus endetté. Et, comme le montre le graphique 3, ce ne sont nullement les États qui sont les acteurs les plus endettés du continent, mais le secteur financier privé.

La double noyade européenne

L'agence Bloomberg a fait savoir, le 9 décembre 2011 [12], que BNP Paribas venait de vendre pour 1,5 milliard d'euros de CDS sur la dette publique française. En cas de dégradation de la notation de la France, la valeur du portefeuille des banques françaises qui se sont livrées à pareille transaction sera affectée à la baisse car la probabilité qu'elles aient à assumer leur rôle « d'assureurs » en remboursant aux acheteurs de CDS la perte induite par la détérioration des finances publiques françaises (perte théorique puisque ces acheteurs peuvent fort bien n'avoir aucune exposition au risque souverain français) aura augmenté. Si la dépréciation des bilans des banques françaises devait mettre en péril leur survie, l'État serait obligé d'intervenir afin de les soutenir – intervention publique qui provoquerait alors un accroissement de la dette publique française. De sorte que les agences de notation pourraient revoir à la baisse la notation de la France. Ce qui déprécierait encore davantage le bilan des banques vendeuses de CDS...

Ce qui vaut pour la France vaut également pour tous les pays de la zone euro. Résultat ? Les CDS sur les dettes souveraines européennes risquent de jouer le rôle d'un élastique qui relierait deux nageurs en train de se noyer : les banques et les États. En volant au secours des banques depuis 2008, les États se sont mis eux-mêmes en danger, nous l'avons vu. La situation est analogue à celle d'un sauveteur qui coulerait en tentant de sauver un baigneur de la noyade. C'est précisément la raison pour laquelle ne pas venir au secours d'un noyé est l'un des rares exemples de non-assistance à personne en danger qui ne soit pas puni par le droit français. Nul n'est *tenu* de mettre sa propre vie en danger pour sauver autrui.

À présent, en jouant le rôle d'assureurs de la dette publique sur le marché des CDS, voilà que les banques se portent garantes des États. Autant demander à quelqu'un qui se noie de venir au secours de son sauveteur ! Un double élastique relie désormais le nageur et son sauveteur : si le premier coule, le second sera entraîné avec lui. Si le second coule, le premier sera, lui aussi, entraîné vers le fond. Tous deux sont condamnés à se sauver ensemble ou à mourir ensemble. La conséquence immédiate est que, « grâce » aux CDS, les États européens peuvent moins que jamais s'offrir le luxe de laisser se dégrader la situation de leurs banques : car une dégradation sera aussitôt démultipliée par le jeu pervers des CDS. C'est un peu comme si l'élastique qui relie le nageur et le sauveteur impliquait que, déjà *au bord* de la piscine, si le nageur gémit avant même d'être mouillé, le sauveteur est tout de même contraint de lui prodiguer des soins, de peur que tous deux ne finissent un jour par tomber à l'eau...

L'impasse dans laquelle nous conduit l'usage des CDS sur les dettes souveraines est révélatrice de la situation globale dans laquelle la zone euro se trouve prise en otage. L'économie « réelle » de l'Italie du Nord est suffisamment solide pour que les observateurs aient toutes les raisons de penser que la situation italienne n'a rien à voir avec celle de la Grèce. Dans la mesure où elle est de surcroît majoritairement détenue par des Italiens, la dette publique italienne ne devrait guère provoquer de remous sur les marchés obligataires. Il n'empêche que le taux auquel l'Italie emprunte sur les marchés atteint des sommets déraisonnables (au-delà de 6 %) et lui fait courir le risque de l'effet boule de neige (la frontière se trouvant, selon certains, un peu au-dessus de 7 %...). Pourquoi ? Parce que de nombreuses banques italiennes détiennent de la dette souveraine italienne. Un événement de crédit affectant la dette italienne plongerait son secteur bancaire dans une situation probablement catastrophique. Du coup, l'élastique entre le nageur et le sauveteur se tend – tout simplement parce que tout le monde sait qu'aucun des deux ne pourra porter l'autre hors de l'eau.

On comprend pourquoi les constructions qui ont été échafaudées en hâte depuis le déclenchement de la crise des crédits *subprime* – Fonds européen de stabilité financière (FESF) puis Mécanisme européen de stabilité (MES) – ne permettent pas de résoudre le problème financier : aucune de ces institutions n'a les moyens de sauver à la fois le secteur bancaire européen et les États. Pourquoi ? Parce que le MES comme le FESF sont censés prêter de l'argent qu'ils empruntent eux-mêmes sur les marchés ou que prêtent les États membres de la zone euro. Pour l'instant, le taux d'emprunt reste faible parce que l'Allemagne et la France leur ont accordé leur garantie et parce que beaucoup d'investisseurs, dans le monde, souhaitent investir dans l'euro. Non par sympathie pour le projet européen mais parce que nombreux sont ceux qui ont un besoin impératif de diversifier les devises dans lesquelles sont libellés leurs portefeuilles. Ayant compris que le dollar n'est plus une valeur sûre (les États-Unis sont encore plus endettés que l'Europe et encore moins en mesure de rembourser leur dette), beaucoup cherchent à placer leur argent en euro. C'est l'unique raison pour laquelle l'Allemagne et même la France ont réussi, début 2012, à emprunter à des taux négatifs : la prétendue vertu de ces deux pays (dont la dette publique est supérieure à celle de l'Espagne !) n'y est pour rien. Car, en réalité, tout le monde sait bien que, si le nageur Espagne ou Italie venait à couler, l'Allemagne et la France se noieraient avec lui. C'est la défiance à l'égard du dollar américain qui explique l'« heureuse surprise » de taux d'emprunt réels négatifs.

Refuser de rompre avec la logique qui consiste à emprunter sur les marchés l'argent dont nous avons besoin pour éponger nos dettes c'est construire une vaste pyramide de Ponzi à l'échelle européenne et faire le pari que les investisseurs continueront de croire que la garantie allemande est fiable – alors que la CDU et de nombreux économistes allemands ne cessent de répéter que l'Allemagne refusera de payer pour les autres. Ce que l'on peut comprendre : le « modèle » allemand a conduit à l'appauvrissement des classes moyennes d'outre-Rhin [13]. De sorte que si, un jour, cette « garantie allemande » devait être vraiment mobilisée, on peut soupçonner que l'Allemagne serait fortement tentée de quitter la zone euro, éventuellement accompagnée de l'Autriche et des Pays-Bas.

Ce pari pourrait s'effondrer à la prochaine panique financière, capable de faire glisser l'Espagne ou l'Italie sur la pente où les boules de neige ne cessent jamais de grossir. Jusqu'à ce que la faillite soit déclarée et les dettes, annulées... Au fait, les paniques financières, comment arrivent-elles ? Et pourquoi ?

Notes

1. Le film *Margin Call* de J. C. Chandor (2011) propose le récit d'une faillite bancaire sous la forme d'un huis clos criant de vérité psychologique. Ce film est truffé d'allusions à la faillite de Lehman Brothers mais la stratégie de survie de la banque, consistant à vendre à ses clients l'ensemble de ses actifs pourris avant qu'ils ne découvrent leur véritable nature, est celle qui fut mise en œuvre par Goldman Sachs, notamment.
2. Contrat financier au terme duquel les deux parties prenantes s'échangent des flux financiers pendant une durée déterminée. Contrairement aux échanges d'actifs financiers, les *swaps* sont des instruments de gré à gré sans incidence sur le bilan, qui permettent de modifier des conditions de taux, de devises, d'actifs et de passifs actuels ou futurs. Par exemple, un *swap* peut permettre d'échanger une dette à taux fixe (ou en dollar) contre une dette à taux variable (ou en euro), etc.
3. Cf. Paul Jorion, *Investing in a Post-Enron World*, New York, McGraw-Hill, 2003, p. 81-95. La même falsification a sans doute été mise en œuvre par la banque JPMorgan pour l'Italie, en 1996.
4. Cf. Jean-Luc Gréau, « De l'euro bouclier à l'euro en détresse », *Le Débat*, Gallimard, n° 166, septembre-octobre 2011.
5. Cf. le Stockholm International Peace Research Institute, www.sipri.org/yearbook.
6. EBA (European Banking Authority), chiffres de septembre 2011.
7. Nous en avons déjà rencontré deux : CDO et CDS.
8. Cf. le résumé éclairant de Henri de Bodinat, « Comment l'euro a tué la Grèce », www.lesechos.fr/opinions/points_vue/0202190985482-comment-l-euro-a-tue-la-grece-348067.php (page consultée en novembre 2013).
9. Ce qui en dit long sur la pertinence desdits *stress tests*.
10. Par comparaison, la France est dans une situation bien plus délicate puisque 66 % de sa dette publique sont détenus par des non-résidents. J'ai personnellement plaidé pour une renationalisation de la dette publique française (http://www.gaelgiraud.net/wp-content/uploads/

2012/12/renationaliser-la-dette-policy-paper-REFI.pdf, consulté en novembre 2013) mais une note confidentielle de Bercy semble avoir convaincu l'actuel gouvernement de n'en rien faire.

11. L'article 123 du traité de Lisbonne fait interdiction, en effet, à la BCE, de créer de la monnaie pour acheter directement la dette publique d'un État membre de la zone euro sur le marché primaire, c'est-à-dire à l'occasion d'une adjudication du Trésor du pays concerné. À la fin de son mandat, Jean-Claude Trichet, l'ancien président de la BCE, a eu le courage de procéder à des rachats de dette publique mais uniquement sur le marché secondaire (à une exception près sur laquelle nous reviendrons), c'est-à-dire en passant par la médiation des banques commerciales.

12. www.bloomberg.com/news/2011-12-09/bnp-paribas-sold-2-billion-swap-protection-on-france-eba-says.html (page consultée en novembre 2013).

13. Cf. Hans-Werner Sinn, « Pourquoi Paris et Berlin s'opposent », *Le Monde*, 31 juillet 2012.

Chapitre 3

UN MARCHÉ FINANCIER, C'EST (TRÈS IN)EFFICACE ?

La réalité des marchés financiers n'a que peu à voir avec un monde ordonné de *gentlemen* rationnels que viendraient seulement perturber de temps en temps des petites erreurs de calcul, vite corrigées.

Supposez que vous soyez *trader*, et qu'un soir, votre présentateur favori du journal télévisé de 20 heures déclare avec un très grand sérieux : « Mesdames et messieurs, l'heure est grave. Demain matin, l'euro va s'effondrer car l'Observatoire de Paris a vu des taches à la surface du soleil cet après-midi. » Il y a effectivement des taches – des sortes de mers noires – sur la surface du soleil, liées à des différences de température à la surface de l'astre. Vous savez fort bien que ces phénomènes-là n'ont aucune relation de causalité avec le cours de l'euro. Mais ce journal de 20 heures est regardé par des millions de téléspectateurs, y compris nombre d'investisseurs, qui ont des euros dans leur portefeuille... Dès le lendemain matin, ils seront fort nombreux à vendre de l'euro. Même si je suis un *trader* éduqué, qui sait que c'est complètement insensé, que vais-je faire à la première heure ? Je vais vendre les euros du portefeuille de mon client en me plaignant que les gens soient assez idiots pour croire ce que dit le JT. Étant persuadé que tout le monde va vendre, mon intérêt est de vendre, à mon tour. Ce faisant, je contribue moi-même à la panique sur l'euro, dont le cours s'effondre [1].

Les taches solaires

Ce phénomène est bien compris des théoriciens depuis les années 1980. En souvenir de la petite parabole précédente, il a été baptisé « tache solaire » (*sunspot*). Un résultat majeur de l'analyse économique, connu depuis une génération, montre qu'un marché financier non régulé, dès qu'il est *incomplet*, ne peut pas être immunisé contre les taches solaires [2]. Un marché est incomplet dès qu'il n'est pas possible de s'y assurer, par le moyen d'actifs, contre tous les risques auxquels les investisseurs font face. À l'évidence, aucun marché financier n'est complet : il était impossible, par exemple, jusqu'à la fin des années 1990, de s'assurer contre le risque météorologique sur un marché européen. Aujourd'hui, il est possible d'acheter une obligation qui vous rapportera de l'argent si le manteau neigeux à Courchevel est inférieur à 5 cm durant la première semaine de février 2020. Les marchés sont donc légèrement moins incomplets mais on devine facilement qu'il existe beaucoup d'autres risques climatiques, ou autres, contre lesquels aucune « couverture » n'est disponible, et ne le sera jamais. La conclusion s'impose donc : *tous* les marchés financiers dérégulés sont soumis aux taches solaires.

Qui plus est, nous ne cessons de créer des taches solaires tous les jours ! Le caractère autoréalisateur de la prophétie que beaucoup croient lire dans les CDS en est un exemple (cf. chap. précédent). Une grande tache solaire que le monde entier a construite pendant plus de vingt ans, par exemple, s'appelle Alan Greenspan. Durant l'ère Greenspan, dès que le patron de la Fed donnait une conférence, toutes les salles des marchés financiers du monde entier allumaient la télévision et écoutaient... Quand l'homme souriait, investisseurs et *traders* se disaient : « Les gens qui regardent Greenspan sourire vont *croire* que les cours vont monter, *donc* j'achète. » Et les cours montaient. Dès que Greenspan faisait la grimace, on se disait : « Les gens vont *croire* que les cours vont baisser, *donc* je vends. » Et cela faisait baisser les cours... La rumeur voulait, du coup, que ce Greenspan fût un magicien ! N'anticipait-il pas les marchés à une heure près ?

Autre exemple : le lapsus, au Japon, de George W. Bush en 2002. Ce pays est alors en situation de déflation depuis le début des années 1990. Le 19 février, Bush junior, en visite auprès des dirigeants de l'archipel, donne une conférence de presse où il confond « déflation » et « dévaluation ». Il déclare au monde abasourdi avoir discuté avec le Premier ministre, M. Junichiro Koizumi, « du problème de la dévaluation ». Sur les marchés financiers secondaires, tout le monde se met à vendre du yen avant que ça ne baisse... et, en quelques heures, la devise nippone dévisse par rapport au dollar. Il aura fallu que le Premier ministre japonais fasse immédiatement une contre-conférence de presse pour expliquer, à mots voilés, que le président des États-Unis ne sait pas lire les discours que lui rédigent ses conseillers. Les marchés financiers rassurés, voici le yen qui remonte. Un autre exemple, à la fois plus effrayant et plus récent, remonte au 23 avril 2013 : un canular transmis par un *tweet*, en provoquant une panique éclair, a fait « disparaître » en 3 minutes 115 milliards de dollars sur les marchés boursiers des États-Unis [3]...

La financiarisation de l'économie

Il peut donc suffire qu'une personne ayant suffisamment d'autorité sur les marchés financiers dise quelque chose pour que les investisseurs en concluent : tout le monde va le croire, donc j'ai intérêt à faire comme si je croyais que c'était vrai. Même si je sais pertinemment que c'est faux ou idiot. Car, sur les marchés financiers, à moins d'être prêt à perdre beaucoup d'argent, il est impossible d'avoir raison tout seul contre tout le monde. Ceci implique que *les prix qui apparaissent sur un marché financier dérégulé n'ont aucune raison de refléter quelque valeur fondamentale que ce soit*. Tout ce qu'ils reflètent, c'est, au mieux, l'opinion que les investisseurs ont des anticipations de leurs collègues sur un certain nombre de variables que chacun s'accorde à juger « fondamentales ». Pour reprendre une image de l'économiste britannique John Maynard Keynes, tout se passe comme si les marchés étaient organisés à la manière d'un concours de beauté paradoxal : la prime ne revient pas à la demoiselle intrinsèquement la plus jolie (ce qui serait quelque chose comme une « valeur fondamentale » révélée par les prix de marchés) mais à celle dont tout le monde pense que les autres estiment qu'elle est la plus jolie. Ce qui est fort différent.

Dans ces conditions, la vulgate traditionnelle que l'on enseigne dans les *business schools* du monde entier au sujet de l'efficacité des marchés financiers relève de la fable. Puisque la « valeur fondamentale » d'un actif financier n'a pas de relation intrinsèque avec son prix de marché, cela implique que les normes comptables internationales qui régissent la comptabilité des entreprises cotées en bourse depuis le milieu des années 2000 (les normes IFRS en Europe et AFS aux États-Unis) n'ont guère de sens économique : elles sont construites sur le postulat que la valeur de marché d'un actif (son *mark-to-market*) est, le plus souvent, la « juste valeur » (*fair value*) dudit actif. Les taches solaires obligent à concéder que rien n'est plus faux [4].

Pire encore, nous avons vu au chapitre 1 que la bulle immobilière avait été en grande partie alimentée par l'innovation financière et la titrisation. Des maisons dont le prix, historiquement stable depuis plus d'un siècle, est multiplié par 4 en moins de dix ans, cela reflète-t-il une réalité économique ? Ou bien n'est-ce pas le signe effrayant que même l'économie réelle « financiarisée » au point que les prix qui apparaissent sur un marché primordial, comme devrait l'être celui de l'habitat, exhibe des prix qui n'ont plus de lien avec le réel ? Ce qui voudrait dire que c'est l'ensemble de nos économies qui, sous l'influence de marchés financiers dérégulés, n'est plus en mesure de produire des prix dérégulés qui ont un sens (si le prix de la baguette est stable en dépit de la flambée du prix du blé, c'est parce qu'il est hautement réglementé). En témoignent également les soubresauts du prix du baril de pétrole en 2008-2009 : en douze mois, il est passé de 40 dollars à 140 avant de replonger à 60. De tels mouvements ne sauraient être attribués à un déréglement de l'offre ou de la demande réelles d'huile noire – lesquelles sont restées stables. Seule explication possible : les mouvements effrénés de capitaux sur les marchés d'actifs dérivés sur le pétrole (des *futures*, en particulier) pèsent financièrement 30 fois plus lourd que le marché de livraison réelle du pétrole. De façon symptomatique, en 2008 le cours du brut suit d'ailleurs, jour pour jour, celui de l'or. Y a-t-il des raisons économiques profondes pour lesquelles l'or jaune et l'or noir devraient évoluer de conserve ? Ou bien n'est-ce pas parce que les *traders*, affolés, ont cherché à investir dans ces valeurs refuges les liquidités qu'ils récupéraient en vendant leurs actifs *subprime* ?

Dernier exemple : l'État grec privatise aujourd'hui ses ports, ses aéroports, ses chemins de fer, la distribution d'eau et d'électricité et les terres lui appartenant. Le prix bradé auquel s'effectuent ces transactions reflète-t-il la « valeur fondamentale » de ces biens ? On répondra peut-être par l'affirmative compte tenu du contexte de surendettement de la Grèce. Qu'en est-il si ce contexte est en partie artificiellement provoqué par une tache solaire sur les obligations souveraines hellènes ?

La fin de la démocratie ?

Le principe démocratique peut se caractériser par le fait que les parois d'un isoloir sont opaques : personne ne peut contrôler pour qui vous votez. Tous les citoyens qui ont vécu dans un pays où l'isoloir était (ou est encore) occupé par un soldat en armes chargé « d'indiquer » aux votants le « bon » bulletin savent l'importance de cette disposition institutionnelle qu'est la non-transparence des murs. L'intérêt de disposer d'isoloirs opaques, c'est aussi que, lorsque le candidat pour lequel j'ai voté n'est pas élu, personne ne peut venir m'en faire grief. La liberté de l'électeur est à ce prix. Il en va tout autrement sur les marchés financiers : acheter un actif, c'est voter pour ce qu'il représente. Par exemple, acheter des titres de dette grecque le lendemain du jour où Athènes s'engage à une réduction de 20 % des salaires de ses fonctionnaires et procède au licenciement de 10 000 salariés en CDD de la fonction publique (ou les acheter plus cher, c'est-à-dire en exigeant un taux d'intérêt inférieur à celui d'hier), c'est voter pour une telle politique d'austérité. Un investisseur financier jouit-il de la même liberté qu'un électeur au sein d'un régime démocratique ? Non, car les parois de son isoloir sont transparentes. S'il élit un actif que la majorité des investisseurs estimera ne rien valoir, il sera immédiatement sanctionné, et perdra de l'argent. Aucune autonomie démocratique n'est possible dans un tel contexte : chacun est condamné à tenter d'anticiper ce que pensera la dictature de la majorité des investisseurs (laquelle ne représente qu'un tout petit nombre de personnes mais dont le pouvoir est considérable). Les analyses en termes de « fondamentaux » réels sont vaines : ce que la majorité des investisseurs financiers a décidé (parce que chacun croit que les autres y croient) finira par se réaliser. Et peu importe *in fine* la volonté des électeurs grecs eux-mêmes : leur sort ne se décide-t-il pas davantage dans les salles des marchés et, accessoirement, dans leurs officines que sont devenus certains bureaux du FMI, de la BCE et de la Commission européenne plutôt qu'au Parlement d'Athènes ? Le renversement « par les marchés » de trois gouvernements démocratiquement élus, et leur remplacement par des « financiers » qui dirigent le pays sans disposer du moindre mandat électoral – en Irlande, en Grèce, en Italie – est l'illustration de ce risque.

Depuis les Pères du désert, la grande tradition spirituelle chrétienne avertit chacun des risques de sa « volonté propre ». Ma volonté propre [5], c'est quand je n'en fais qu'à ma tête. Le contraire, donc, de l'attitude spirituelle à laquelle nous invite l'Épître aux Galates (2, 20, cf. p. 171). Est-il exagéré de dire que le fonctionnement actuel des marchés financiers équivaut à l'institutionnalisation au niveau international de la volonté propre d'une poignée d'investisseurs ? Le seul moyen d'y mettre fin est sans doute de réintroduire de l'interdit là où nous avons patiemment supprimé toute règle pendant trente ans – ce que tente heureusement de faire la Commission européenne en interdisant la vente à découvert à nu (vente d'un actif de couverture que je ne possède pas sur un risque que je ne cours pas) des CDS et en ébauchant une esquisse de réglementation de la titrisation.

L'innovation financière est-elle socialement utile ?

Le phénomène des taches solaires est un cas particulier d'une propriété plus générale des marchés financiers incomplets : leur très grande inefficacité dans l'allocation des ressources rares, le capital et le risque[6]. Inefficacité[7] ? N'a-t-on pas expliqué, sur tous les tons et pendant trois décennies au moins, que les marchés financiers représentaient en quelque sorte la pointe avancée du capitalisme rationnel parce que concurrentiel ? Ce n'est pas le moindre paradoxe que cette croyance se soit répandue dans les médias et les écoles de commerce au cours des années 1980, puis dans les traités européens et chez les économistes de la Commission européenne, alors même que l'analyse économique venait d'enregistrer la démonstration du contraire ! De sorte qu'étant construite, elle aussi, sur des dogmes, la zone euro (voire l'UE) s'effondrera peut-être comme l'URSS.

Depuis lors, nous avons même appris qu'il est fort possible qu'un marché financier incomplet peuplé d'investisseurs parfaitement rationnels, dotés d'une puissance de calcul illimitée et supposés agir exclusivement en fonction de la maximisation de leur intérêt, ne parvienne à trouver *aucun* prix d'équilibre entre l'offre et la demande [8]. Ce qui veut dire que les intervenants, sur ce marché, seront rationnés en permanence... À l'inverse, quand il existe des prix d'actifs qui permettent d'apurer tous les marchés financiers simultanément, ces prix d'équilibre sont en général en nombre infini [9]. Certains seront très inefficaces, d'autres moins. En d'autres termes, les forces internes aux marchés ne permettent même pas, en présence de plusieurs équilibres, de sélectionner le moins inefficace.

Pire encore, le concept même de maximisation du profit d'une entreprise devient problématique dès lors que les marchés sont incomplets. En effet, différents actionnaires de la même entreprise peuvent fort bien recommander deux politiques radicalement différentes, quoique parfaitement rationnelles, supposées toutes deux maximiser le profit de l'entreprise dont ils détiennent des parts [10]. Comment est-ce possible ? Pour dire les choses simplement : l'incomplétude des marchés autorise à choisir différentes manières de pondérer les risques susceptibles de se matérialiser à l'avenir. À chacune de ces pondérations correspondra une politique optimale pour l'entreprise, en général incompatible avec celle que conduira à adopter une autre pondération. Ce qui signifie que les prix de marchés ne *suffisent* pas pour s'orienter de manière obvie sur la marche à suivre d'une entreprise. Dit autrement : l'accord des actionnaires ne peut pas provenir, en général, de la seule considération des prix de marchés. Nous sommes donc très loin de l'image de marchés « efficients » qui transmettent à tout instant toute l'information pertinente pour y prendre les meilleures décisions.

Cette dernière propriété a une autre conséquence désagréable pour les financiers : si j'introduis un nouvel actif – c'est ce qu'on appelle l'innovation financière – au sein d'un marché incomplet, je ne pourrai pas, en général, déduire son prix de manière unique des prix déjà disponibles sur ledit marché. Au contraire, une multitude de prix pour ce nouvel actif sera compatible avec ceux que l'on observe déjà au moment où je l'introduis[11]. En quoi est-ce gênant? Cela confirme que la « valeur fondamentale » d'un actif n'existe pas : il en existe plusieurs – ce qui signifie qu'aucune d'entre elles n'est « fondamentale » !

Certes, dira-t-on, ces conséquences de l'incomplétude des marchés sont embarrassantes. Mais ceux-ci sont-ils très incomplets? Imaginez que, grâce aux géniales innovations des dernières décennies (dérivés de crédit, mille-feuilles, CDS *et alii*), nos marchés soient très proches de la frontière de la complétude : seront-ils aussi sévèrement inefficaces, ambivalents, traversés de taches solaires incontrôlables, et privés de valeurs fondamentales? La force des résultats qui précèdent est qu'ils ne dépendent aucunement du degré d'incomplétude des marchés considérés. Dès qu'il existe ne fût-ce qu'*un* risque contre lequel au moins un investisseur est dans l'incapacité de se couvrir (en achetant un actif qui le protégera contre ce risque), les ennuis précédents verront le jour de manière aussi massive que si les marchés étaient violemment incomplets. En cette matière, il n'existe pas de demi-mesure : être ou ne pas être (complet), c'est toute la question.

Dans ces conditions, notre tâche la plus ardente ne devrait-elle pas consister à réduire l'incomplétude des marchés? L'*investment banking* ne trouve-t-il pas là sa raison d'être : créer de nouveaux actifs pour réduire l'incomplétude? Hélas, c'est ici que nous attendent encore deux déconvenues. La première est grave mais peut-être surmontée : beaucoup de dirigeants de banques ne comprennent pas eux-mêmes les produits structurés complexes qui sont fabriqués dans les salles de marché de leurs institutions. L'ancien président de la Fed, Paul Volcker, l'a reconnu dans un entretien au *Telegraph* du 23 septembre 2012 : « C'est vrai, je ne comprends pas ces produits. Mais ce qui me préoccupe le plus, c'est que les patrons de ces grandes banques et les équipes de direction ne les comprennent pas non plus. Cela devient très dangereux. » L'expérience confirme malheureusement cet aveu : seuls un petit nombre de *sales* (vendeurs) et d'ingénieurs comprennent véritablement les modèles stochastiques qui servent à la construction, à l'évaluation et à la couverture des produits les plus sophistiqués. Cela donne une sorte de monopole du savoir-faire à ce petit nombre, grâce auquel il parvient à extorquer auprès de sa banque des bonus indécents. Mais cela rend surtout la situation très dangereuse à l'échelle systémique.

La seconde déconvenue est plus radicale. Dès lors que les marchés sont incomplets, ajouter un nouvel actif en vue de réduire leur incomplétude ne garantit pas, en général, que le nouvel équilibre qui s'établira sur les marchés sera moins inefficace que précédemment. Au contraire [12] ! Cette propriété mériterait d'être méditée par les ingénieurs qui, au sein des salles des marchés, inventent tous les jours de nouveaux produits financiers, et par ceux qui les emploient. Elle signifie qu'une innovation financière, si habile soit-elle, ne favorise pas *a priori* une meilleure allocation du risque et du capital, voire, peut rendre cette allocation encore plus inefficace. Propriété paradoxale puisque, la plupart du temps, l'actif que l'on vient d'inventer répond aux besoins d'un client (sans quoi il ne trouverait aucun acquéreur) : par exemple, il protège tel investisseur contre la possibilité que tel événement défavorable se réalise, en lui assurant un revenu qui devrait couvrir ses pertes si ledit événement est observé. Nul doute que cette « protection » supplémentaire sera utile à ce client. Dans de telles conditions, comment prétendre que l'innovation financière peut être socialement néfaste ? La réponse est simple : le fait d'avoir fourni à ce client une protection contre un risque n'a nullement fait disparaître ce risque. Le nouvel actif que l'on vient d'introduire ne fait rien d'autre que transférer ce risque des épaules du client concerné (qui ne veut pas l'assumer) vers celles d'autres investisseurs (prêts à courir ce risque, pourvu qu'ils en soient informés). C'est le phénomène que nous avons vu à l'œuvre à propos de la « patate chaude » du risque *subprime* et la titrisation (cf. chap. 1).

Ce point est primordial si l'on veut pouvoir poser les bonnes questions en matière de régulation financière. Les participants des débats autour de la loi dite de « séparation bancaire » française (finalement adoptée en juillet 2013) eussent été bien inspirés de s'en souvenir. Rappelons très brièvement l'enjeu de ces débats : conformément à la promesse formulée par le candidat François Hollande lors de la campagne présidentielle du printemps 2012, le projet de loi initié par le ministre Pierre Moscovici entendait obliger à une « séparation douce » entre les métiers de la banque de marché et les métiers de la banque de crédit et de dépôt. Nous aurons l'occasion de revenir sur l'apparence de séparation mise en scène par cette loi. Pour l'heure, contentons-nous d'enregistrer à quel point les discussions autour de ce projet de loi ont été mal engagées par la rapporteure du projet de loi, Karine Berger. La question posée de manière récurrente par Karine Berger était en effet la suivante : « À quelles conditions une transaction financière est-elle utile ? » À ses yeux, une réponse détaillée à cette question aurait potentiellement servi de critère afin d'identifier les transactions inutiles qu'il aurait convenu de cantonner dans une filiale (par la loi) afin de les isoler des transactions utiles qui, elles, auraient été autorisées à rester dans le giron de la maison mère d'un groupe bancaire.

Nous savons aujourd'hui que le texte final de la loi n'oblige à cantonner qu'au plus 2 % des activités bancaires des quatre grands groupes français. Par-delà le ridicule d'une loi aussi inopérante, il importe de comprendre pourquoi la question de Karine Berger était dépourvue de toute pertinence : jamais une institution financière n'arrivera à convaincre un client de s'engager dans une transaction qu'il ne jugerait pas utile, à titre personnel. Ledit client peut fort bien se tromper gravement dans le jugement qu'il porte, peu importe ici : il est évidemment convaincu que le service que lui rend l'institution financière lui est utile, et c'est la raison pour laquelle il consent à la rémunérer. Cela veut-il dire que cette transaction est utile à l'ensemble du marché financier ? À la collectivité tout entière ? Non, pas nécessairement. Nous venons de le voir, il se peut que le transfert de risque opéré par cette transaction induise une réallocation qui, en termes normatifs, se révèle être pire que l'état initial. La difficulté est que personne ne peut le savoir : porter un tel jugement exigerait de connaître l'aversion au risque et la structure de portefeuille de tous les intervenants sur tous les marchés connectés à celui où est opérée la transaction. Une tâche impossible. La question de Karine Berger ne pouvait donc qu'inviter à répondre en ne considérant que l'utilité personnelle, pour le client, de la transaction. Ce qui, encore une fois, est un point de vue trivial et très insuffisant.

Le cycle de l'effet du levier

L'expérience montre que les taches solaires ne se succèdent pas de manière complètement désordonnée : tout se passe comme si un « cycle du levier » était à l'œuvre sur les marchés [13]. Dans la phase haussière (*bullish*) du marché, les optimistes (ou ceux qui sont peu avers au risque, ou qui disposent d'informations privilégiées...) s'endettent pour pouvoir monter des opérations à fort effet de levier (c'est-à-dire qui permettent de gagner de l'argent avec un faible apport en capital, complété par un emprunt auprès du secteur bancaire). Par exemple, en 2006, une banque américaine qui voulait acheter un *mortgage security* (une créance hypothécaire titrisée) noté AAA pouvait emprunter jusqu'à 98,4 % de la valeur de l'actif, et n'apporter que 1,6 % de capital. Le ratio de levier était alors de 60 environ (100 pour 1,6). Plus généralement, sur l'ensemble du marché des actifs *mortgage* toxiques (un marché de 2 500 milliards de dollars), le ratio de levier moyen était de 16. Quant au marché hypothécaire, dont nous avons vu le rôle déterminant dans la crise des crédits *subprime* (cf. chap. 1), les acheteurs y bénéficiaient, en 2006, d'un ratio de levier de 35 (avec un apport en capital égal à 3 % de la valeur du bien). Rien d'étonnant, bien sûr, si la demande de biens immobiliers a explosé et, avec elle, le prix de l'immobilier lui-même.

Arrive cependant un moment où l'excès d'endettement des investisseurs induit un repli de la part des prêteurs (les pessimistes, ou ceux qui sont hostiles au risque ou qui ne disposent pas de certains canaux de renseignement). C'est le retournement du cycle qui, de haussier, devient baissier (*bearish*). Ces revirements sont fréquents : ainsi, en 1994, le *krach* des actifs dérivés qui a provoqué la faillite d'Orange County, en Californie, correspondait-il à un tel retournement ; il en va de même pour la crise financière de 1998, en Asie du Sud-Est, dont le *hedge fund* LTCM fut l'une des victimes ; tout comme le *krach* de 1987. Lors du retournement, l'effet de levier s'effondre : sur le marché des emprunts hypothécaires titrisés (*mortgage-backed securities*), le ratio de levier est descendu jusqu'à 1,2 au deuxième trimestre 2009. Et sur le marché hypothécaire lui-même, un ménage doit désormais apporter 30 % du capital s'il veut s'endetter pour acheter une maison. Évidemment, s'il a acquis cette dernière avant 2006 en n'apportant que 3 % du capital initial, il est peu probable qu'il soit en mesure, à présent, de dégager un tiers de la valeur de sa maison pour emprunter en vue de payer sa dette initiale. La chute de l'effet du levier se retourne donc contre ceux qui sont endettés, et finit par fonctionner « à l'envers » : en phase haussière, il permettait de soulever des montagnes avec un apport en capital dérisoire ; en phase baissière, il transforme la moindre crevasse (dette) en un précipice.

Hormis l'arrivée soudaine d'une information alarmante, l'un des symptômes du fait qu'un marché en phase haussière est proche de son retournement est la quasi-disparition de la prime de risque sur le marché action, c'est-à-dire de la prime accordée au détenteur d'une action par rapport à celui qui est propriétaire d'une obligation. En réalité, en cas de dépôt de bilan, les détenteurs d'une obligation seront remboursés (avec les actifs que possède encore l'entreprise) *avant* les actionnaires. Assimiler actions et obligations, c'est donc nourrir l'illusion que l'entreprise émettrice ne pourra jamais faire faillite. L'annulation de cette prime signifie que tout se passe comme si les investisseurs étaient convaincus qu'il n'y a plus de différence, en termes de risque, entre une action et une obligation. Ce signal, du fait que les « optimistes » dictent les prix du marché et ont largement perdu le sens de la mesure (du risque), avait permis à Jean-Claude Trichet (alors président de la BCE), en 2006, d'alerter la communauté internationale de l'imminence d'un *krach* boursier au sommet de Davos.

Qu'en dépit de la récurrence d'un *krach* tous les quatre ans, en moyenne [14], nos sociétés continuent de tolérer le développement de marchés dérégulés témoigne de la force de l'illusion financière. Celle-ci est à mi-chemin entre l'illusion monétaire et l'illusion économique, auxquelles elle s'alimente et contribue tout à la fois. L'illusion monétaire, c'est la croyance que, parce que les prix diminuent, mon pouvoir d'achat augmente. En réalité, si mon salaire baisse davantage encore, il n'en est rien. Toute la rhétorique sur les prétendus bienfaits de la mondialisation « façon OMC » et ses prix bas repose sur ce malentendu. L'illusion économique, comme le rappelle Emmanuel Todd, c'est la croyance selon laquelle les « mécanismes » économiques sont des lois intangibles auxquelles il n'y aurait d'autre issue que de se soumettre [15]... Par les effets de levier inouïs que permet la dérégulation, l'illusion financière fait miroiter une prospérité trompeuse car, lors du retournement du cycle, plus haute aura été l'ascension, plus dure sera la chute. Le *krach* de 2008, par exemple, a fait perdre à la planète, en six mois, l'équivalent des sept années antérieures de capitalisation boursière.

La loi du plus fort

Si l'on veut lutter contre l'amplitude du cycle du levier, il faut se résoudre à réguler les marchés – nous aurons l'occasion d'y revenir. La plus grande difficulté tient à la force de dénégation d'une grande partie des intervenants sur les marchés. La plupart d'entre eux ignorent même ce qu'est un marché incomplet. Et pour cause : le savoir ne contribue en rien à la maximisation de mon bonus personnel en fin de mois.

En outre, prendre au sérieux les résultats qu'on vient de rappeler – bien connus des économistes universitaires –, oblige à une remise en cause radicale des métiers financiers. Cela invite en effet fondamentalement à exiger qu'un tiers puisse exercer un droit de regard sur tout nouveau produit introduit sur un marché : puisque rien n'assure qu'il est utile pour l'ensemble de la société, son émission devrait être soumise à une « autorisation d'introduction sur le marché [16] ». Ce qui précède invite également à faire le deuil de l'idée que les actifs échangés sur un marché auraient une valeur fondamentale, qui appartiendrait, disons, à « l'essence des choses ». S'il existe quelque chose comme « la » valeur fondamentale d'un bien, ce ne sont pas les marchés financiers qui permettent de la découvrir ! On l'a vu, même le principe de maximisation du profit d'une entreprise n'est pas épargné. Or reconnaître que ce critère d'optimisation n'induit pas une feuille de route univoque, c'est s'engager dans des débats que beaucoup de décideurs économiques sont heureux de s'épargner. Par exemple, telle fermeture d'usine, décidée au nom de la rentabilité, peut désormais être discutée : peut-être que le choix d'une autre pondération des risques futurs conduirait, au contraire, à maintenir cette usine ? Qui va en décider ? Le manager ? L'assemblée des actionnaires ? La collectivité des parties prenantes [17] ?

On peut comprendre que beaucoup préfèrent se réfugier dans le déni. En témoigne l'argument clef d'un interlocuteur, issu du monde de la finance de marchés, développé au cours d'une conversation personnelle au printemps 2009, à Paris :

« Mon cher ami, de grandes crises comme celle que nous avons traversée en 2008 sont excellentes, contrairement à ce que vous croyez, et vous avez tort de vouloir mettre des digues pour empêcher le prochain tsunami. C'est que, voyez-vous, ce genre de crise permet d'éliminer les plus faibles et rend plus forts les survivants ; ce qui rend notre société plus efficace. »

Ce plaidoyer darwinien n'est pas le fait d'un individu isolé : il court dans la littérature scientifique des économistes depuis les années 1950. Le *krach* de 2007-2008 a en effet mis en lumière la très grande diversité des opinions des acteurs de marchés : de nombreuses banques commerciales et d'investissement avaient misé d'énormes sommes d'argent dans les *mortgage-backed securities*, tandis que des *hedge funds* avaient au contraire parié sur l'écroulement de ces produits financiers. Quand ceux-ci se sont effectivement effondrés entre l'automne 2007 et l'hiver 2008-2009, les premières ont accusé des pertes phénoménales tandis que les seconds se sont enrichis d'une manière tout aussi extravagante. Ainsi, en 2007, Andrew Lahde, alors gestionnaire d'un *hedge fund* à Santa Monica, en Californie, a-t-il fait un profit de 870 % pour avoir parié sur un effondrement des crédits *subprime*. En octobre 2008, Lahde ferma son fonds de placement et, le 17 octobre, le *Financial Times* publiait sa lettre d'adieu aux investisseurs financiers, autre document historique qui précède la lettre de Greg Smith citée *supra* :

« [...] je vous écris pour vous dire adieu.

« [...] ce que j'ai appris avec les hedge funds, *c'est que je les déteste. [...] Je l'ai fait pour l'argent. Il n'y avait qu'à*

cueillir les fruits exposés, c'est-à-dire ces idiots dont les parents ont payé la prépa, Yale et le MBA d'Harvard. Ces gens, le plus souvent indignes de l'éducation qu'ils ont (supposément) reçue, se sont élevés jusqu'aux sommets de firmes comme AIG, Bear Stearns et Lehman Brothers et à tous les niveaux du gouvernement. Tout ce qui soutient cette aristocratie n'a abouti qu'à m'aider à trouver des gens assez bêtes pour me servir de contrepartie dans mes transactions. Que Dieu bénisse l'Amérique.

« [...] J'ai décidé de ne plus gérer de l'argent pour d'autres, qu'ils soient des individus ou des institutions. La gestion de ma propre fortune me suffit. [...] De plus, je cède ma place à ceux qui tentent d'amasser des sommes à neuf, dix ou même onze chiffres. Pendant ce temps, ils mèneront des vies minables. Avec leurs réunions qui s'enchaînent les unes après les autres, leur agenda rempli pour les trois mois à venir, ils attendront avec impatience leurs deux semaines de vacances en janvier pendant lesquelles ils resteront collés à leur Blackberry ou à d'autres appareils du même genre. Pour quoi faire ? De toute façon, dans cinquante ans, personne ne se souviendra d'eux. Steve Ballmer, Steven Cohen, et Larry Ellison seront tous oubliés. Je ne comprends pas ce désir de postérité. Pratiquement tout le monde sera oublié. Abandonnez cette idée de laisser une marque. Débarrassez-vous de votre Blackberry et profitez de la vie[18]. »

La raison pour laquelle, au moins jusqu'en 2009, la communauté des économistes a négligé cette diversité d'opinions au sein même des marchés financiers tient au succès d'un ouvrage de Milton Friedman, le ténor du monétarisme de Chicago[19]. Que disait-il ? Que, sur le long terme, les marchés sont efficients parce que seuls y survivent ceux qui anticipent correctement les paramètres de l'économie soumis à des aléas. Que deviennent les autres? Leurs erreurs finissent par les exclure du marché. Dit autrement, depuis un demi-siècle, la croyance (devenue entre-temps une *doxa* indéracinable chez un certain nombre d'économistes et de politiques) dans l'efficacité des marchés repose sur un argument de sélection sociale darwinienne, relayé de temps à autre par tel ou tel chercheur [20]. Mon interlocuteur parisien n'est peut-être pas représentatif de ce que pensent tous les financiers, mais il l'est au moins de l'impensé collectif qui habite une partie de la profession financière et du monde académique qui en dépend. Ce même interlocuteur me tiendra le discours suivant fin 2011 :

« *Jamais, entendez-vous, les banques n'ont aussi bien travaillé qu'aujourd'hui. Par pitié, n'essayez pas de faire notre métier à notre place. Vous feriez des catastrophes! En revanche, la France a un sérieux problème de dette publique. Normal: elle vit au-dessus de ses moyens depuis des années. Pourtant, la solution est simple: elle tient en trois points. Primo, vous réduisez de 20 % les salaires de tous les fonctionnaires. Secundo, vous désindexez les retraites de l'inflation. Tertio, vous supprimez l'essentiel des remboursements maladie, en ne maintenant que ceux qui sont indispensables à la "dignité".* »

Un petit calcul de coin de table, et voilà le problème de la dette publique française résolu. Ce « programme » contient l'essentiel des réformes « structurelles » dont certains ténors du débat public, à droite comme à gauche, ne manquent pas de tenter de nous convaincre qu'elles sont indispensables au redressement de l'Europe. On peut parier que, en France, le contrat de travail à durée indéterminée (CDI) fera aussi partie des prétendues « paralysies » réglementaires à supprimer [21].

Notes

1. Cf. l'analyse de Nicolas Bouleau, http://financerlavenir.fnh.org/billet-invite/analyse-critique-de-la-valuation-economique-des-risques-iii-limite-de-la-rationalite-economique-billet-invite/ (page consultée en novembre 2013).
2. Cf. Costas Azariadis, « Self-Fulfilling Prophecies », *Journal of Economic Theory*, vol. 25, n° 3, 1981, p. 380-396 ; David Cass et Karl Shell « Do Sunspots Matter », *Journal of Political Economy*, vol. 91, 1983, p. 193-227.
3. Pour éviter tout malentendu, rappelons que ces événements ne font jamais disparaître *stricto sensu* le moindre centime. Ils font seulement diminuer la valeur monétaire d'actifs (financiers ou immobiliers). La quantité de monnaie en circulation, elle, ne diminue que lorsque les remboursements de dette auprès du secteur bancaire excèdent les crédits accordés, ce qui n'arrive que très rarement.
4. Cf. Gaël Giraud et Cécile Renouard (dir.), *Vingt propositions pour réformer le capitalisme*, 3ᵉ éd., Paris, Flammarion, 2012, proposition 14.
5. Cf. *Les Apophtegmes des Pères. Collection systématique*, t. 1, chap. I- IX, Paris, Le Cerf, 1993.
6. Cf. Joseph E. Stiglitz, « The Inefficiency of Stock Market Equilibrium », *Review of Economic Studies*, vol. 49, 1982, p. 241-261 ; J. Geanakoplos, M. Magill, M. Quinzii et J. Drèze, « Generic Inefficiency of Stock Market Equilibrium When Markets are Incomplete », *Journal of Mathematical Economics*, vol. 19, p. 113-152.
7. Comprise, ici, pour le lecteur connaisseur, au sens de l'efficacité parétienne de second rang.
8. Cf. Takeshi Momi, « Non-Existence of Equilibrium in an Incomplete Stock Market Economy », *Journal of Mathematical Economics*, vol. 35, 2001, p. 41-70.
9. Cf. John Geanakoplos et Andreu Mas-Colell, « Real Indeterminacy with Financial Assets », *Journal of Economic Theory*, vol. 47, 1989, p. 22-38.
10. Jacques Drèze, « Investment Under Private Ownership: Optimality, Equilibrium and Stability », in Jacques Drèze (dir.), *Allocation Under Uncertainty: Equilibrium and Optimality*, New York, Palgrave Macmillan, 1974 ; Sanford J. Grossman et Oliver D. Hart, « A Theory of Competitive Equilibrium in Stock Market Economies », *Econometrica*, vol. 47, 1979, p. 293-330.

11. Cf. Ioannis Karatzas, *Lectures on the Mathematics of Finance*, American Mathematical Society, 1997.

12. Cf. Ronel Elul, *Welfare Effects of Financial Innovation in Incomplete Markets Economies with Several Consumption Goods*, Journal of Economic Theory, vol. 65, février 1995, p. 43-78.

13. Cf. John Geanakoplos, « The Leverage Cycle », document de travail n° 1715, Cowles Foundation for Research in Economics, Université de Yale, juillet 2009.

14. *Krach* boursier d'octobre 1987, *krach* immobilier du début des années 1990, *krach* obligataire de février 1994, faillite de la grande banque anglaise Barings en 1995, crise asiatique en 1997, crise russe en 1998, faillite du *hedge fund* LTCM en 1998, *krach* Internet en 2001-2003, *krach* des *subprimes* en 2007-2009, crise de l'euro initiée durant l'hiver 2010...

15. Cf. Emmanuel Todd, *L'Illusion économique. Essai sur la stagnation des sociétés développées*, Paris, Gallimard, 1997.

16. Comme c'est le cas, par exemple, dans le domaine de l'industrie pharmaceutique.

17. Cf. Gaël Giraud et Cécile Renouard (dir.), *Vingt propositions pour réformer le capitalisme*, *op. cit.*, propositions 1 et 2.

18. www.ft.com/intl/cms/s/0/128d399a-9c75-11dd-a42e-000077b07658.html#axzz1ykdM2wUp (page consultée en novembre 2013).

19. Cf. Milton Friedman, *Essays in Positive Economics*, Chicago, University of Chicago Press, 1953.

20. Cf. Lawrence Blume et David Easley, « If You're So Smart, Why Aren't You Rich? Belief Selection in Complete and Incomplete Markets », *Econometrica*, vol. 74, 2006, p. 929-966.

21. Cf. http://blogdejocelyne.canalblog.com/archives/2012/05/19/24295638.html (page consultée en novembre 2013).

Chapitre 4

LA TRANSITION ÉCOLOGIQUE

La sélection darwinienne des plus forts qui sert parfois de légitimation implicite aux dérives financières n'a rien à voir avec les Évangiles. L'expérience chrétienne est celle d'un Dieu qui, justement, s'est fait l'un de ces « petits » que nos sociétés éliminent pour être plus efficaces. Le culte du dépassement de soi dans une compétition sans limites (en particulier celle du marché) ou encore de la culture agonale (la culture du combat, *agôn* en grec) relève d'un vieux fonds païen qui continue de hanter nos sociétés. En ressuscitant le vieux réflexe du chacun pour soi, la menace écologique et énergétique pourrait bien être l'occasion d'une exacerbation de ce terreau impensé.

Que la question écologique ait été reléguée par la crise financière à l'arrière-plan des préoccupations de beaucoup d'Européens est fort compréhensible. Reste qu'elle demeure une priorité autrement plus importante que les conventions d'écriture sur lesquelles repose l'*hybris* de la finance de marché dérégulée.

Le pic du pétrole ?

Nous avons beaucoup de réserves de pétrole, de charbon et de gaz sur la planète, beaucoup trop d'ailleurs : si nous déstockons la totalité de ces réserves connues enfouies sous terre, nous achèverons de rendre la planète inhabitable (hormis aux tartigrades et autres bactéries) par l'émission concomitante de CO_2. Ce paragraphe n'est donc *pas* une manière d'annoncer qu'il n'y aura plus de pétrole dans dix ans sur la planète. En revanche, l'Agence internationale de l'énergie (AIE) a reconnu que les techniques conventionnelles d'extraction de pétrole ne permettent plus à l'offre mondiale quotidienne de suivre l'augmentation de la demande mondiale quotidienne d'or noir.

Dès lors que l'offre quotidienne mondiale du pétrole plafonnera tandis que la demande quotidienne mondiale de pétrole excédera ce plafond, on peut anticiper une hausse massive du prix du pétrole. Celle-ci, surtout si elle est brutale, pourrait fort bien induire une récession mondiale, laquelle, du coup, provoquerait une diminution de la demande mondiale, et donc une baisse du prix, donc une hausse de la demande, etc. De sorte qu'*in fine*, le pic du pétrole pourrait provoquer une grande volatilité du prix de l'or noir, tout aussi préjudiciable, en tant que telle, qu'une hausse continue. Et l'instabilité géopolitique du Moyen-Orient (première réserve mondiale de pétrole conventionnel) ne favorisera pas la réduction de cette volatilité.

Or, au cours du dernier siècle, une part considérable de la croissance économique des pays industrialisés était essentiellement due à une hausse de la consommation d'énergie fossile par habitant. Sur 3 % d'augmentation moyenne du PIB par habitant au cours des Trente Glorieuses, environ 2 % provenaient de l'accroissement de consommation de pétrole, charbon et gaz ; 1 %, seulement, du progrès technique, de la « révolution managériale » des années 1990, du stress au boulot, etc [1]. Depuis le second choc pétrolier de 1979, l'économie mondiale ne parvient quasiment plus à augmenter sa consommation d'énergie fossile par habitant. C'est très clair, en particulier, pour le pétrole sur le graphique suivant. Ceci est probablement l'explication la plus probante du fait que la croissance annuelle du PIB mondial par habitant n'est plus que de 1 % en moyenne depuis les années 1980.

Graphique 4. Consommation mondiale d'énergie par habitant

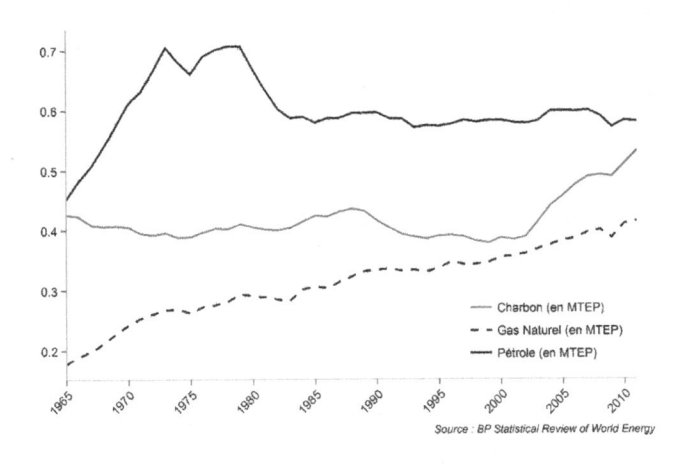

Source : BP Statistical Review of World Energy

Si nous persévérons dans le schéma éco-énergétique hérité de la seconde révolution industrielle (débutée vers 1880), et avec les techniques classiques d'extraction, nous sommes donc probablement condamnés, au niveau mondial, au régime de croissance atone que nous connaissons depuis le deuxième choc pétrolier : 1 % de croissance par an, en moyenne. (Cela n'empêchera éventuellement pas la Chine de continuer de croître à 7 ou 8 % par an, la zone euro de stagner, et la Grèce de poursuivre sa chute libre à − 7 % par an…) Ce qui veut dire, très concrètement, que nous ne pourrons pas sortir de l'impasse dans laquelle l'excès d'endettement privé nous a conduits en invoquant les « mannes de la croissance ». Nous pourrons bien sacrifier les enfants grecs et les jeunes Espagnols sur l'autel de la compétitivité ou de la « concurrence non faussée », rien n'y fera. Saigner les fonctionnaires espagnols, qui survivent déjà avec moins de 1 000 euros par mois, pour faire revenir la « fée confiance » ? Doublement inutile : d'abord parce que le problème provient des banques, et non de la fonction publique. Ensuite parce que la baisse des profits et l'atonie de la croissance ont certainement davantage partie liée avec la contrainte énergétique qu'avec l'éventuelle gloutonnerie des fonctionnaires. En France, dans certains départements de la ceinture parisienne, 10 % des fonctionnaires de catégorie C se nourrissent à la banque alimentaire en fin de mois.

Quel progrès technique ?

Le « progrès technique » permettra-t-il de nous tirer d'affaire ? Peut-être, mais *quel progrès technique* ? Nous savons, depuis quelques années, accroître considérablement la productivité d'un puits de pétrole grâce à de nouvelles techniques d'extraction, basées notamment sur le fractionnement de la roche. Le pétrole de schiste, ainsi extrait, pourrait même permettre de crever le plafond des 100 millions de barils par jour. Le gaz de schiste n'a-t-il pas déjà permis d'augmenter la production de gaz, et donc l'émission de CO_2 liée à sa combustion ? Le débat sur la question de savoir si les techniques non conventionnelles permettront ou non de surmonter le pic du pétrole est loin d'être épuisé [2]. Ce qui nous importe, ici, c'est que la production de pétrole de schiste est en augmentation vertigineuse aux États-Unis, du fait que le sous-sol y est la propriété du propriétaire du sol (en surface). Des individus isolés ont donc la possibilité de mettre en œuvre des techniques non conventionnelles d'extraction au fond de leur jardin... L'« idéal » de la société de propriétaires, qui n'est nulle part aussi « avancé » qu'aux États-Unis, permet aujourd'hui à des propriétaires individuels de produire du pétrole là où les techniques usuelles des *majors* avaient atteint leur point de saturation. Les États-Unis pourraient connaître grâce au gaz et au pétrole de schiste une décennie de croissance renouvelée. C'est une mauvaise nouvelle : la propriété privée du sous-sol permet donc à une infime minorité de continuer, à brève échéance, de mettre en danger l'avenir de la planète, de sa faune, de sa flore et, accessoirement, de l'humanité, sous prétexte qu'ils gagnent de l'argent *hic et nunc.* Plus généralement, ce qu'il importe de comprendre de toute urgence, c'est que poursuivre notre modèle de croissance carbonée est le plus sûr moyen de provoquer un désastre humanitaire dès la fin de ce siècle.

Les rapports du Groupe d'experts intergouvernemental sur l'évolution du climat (GIEC) sur le réchauffement climatique sont malheureusement formels : nous ne réussirons pas à éviter une augmentation de la température moyenne sur le globe supérieure à 2 °C d'ici la fin du siècle. Probablement celle-ci sera-t-elle comprise entre + 3 et + 6 °C. D'après les climatologues, nous avons encore les moyens, aujourd'hui, d'empêcher une hausse de + 5 °C. Or, + 5 °C, c'est la différence de température qui nous sépare de la dernière glaciation, il y a 40 000 ans. Le réchauffement climatique est lié aux émissions de gaz à effet de serre (GES) dont 60 % environ sont du CO_2 lié à la combustion d'énergies fossiles (charbon, pétrole et gaz). Jusqu'à la seconde révolution industrielle, la biosphère (océans et forêts) absorbait sans difficulté la faible quantité de dioxyde de carbone émise dans l'atmosphère. Or la concentration de CO_2 a augmenté de 50 % depuis la révolution industrielle, de sorte que la biosphère n'absorbe plus l'excédent de GES que nous produisons. Les scénarios envisagés si nous atteignons le seuil de + 5 °C sont littéralement apocalyptiques. Montée des eaux, inondation de littoraux où vivent des populations nombreuses, multiplication des migrations climatiques, sécheresses et pluies diluviennes plus fréquentes et plus intenses, gigantesques incendies, destruction de la forêt amazonienne, baisse de la productivité agricole à partir d'une hausse de + 3 °C, raréfaction des ressources en eau potable, etc. Par ailleurs, le réchauffement étant beaucoup plus fort près des pôles, les climatologues ne peuvent exclure le dégazage de gigantesques quantités d'hydrate de méthane contenu dans le permafrost (au nord de la Sibérie) – ce qui signerait la fin du caractère « habitable » de notre planète. Est-ce cela que nous voulons ?

Comme le montre le graphique 5, notre production de gaz à effet de serre connaît une accélération inédite depuis quelques décennies. Et jusqu'à présent, les appels répétés des milieux associatifs et scientifiques pour plus de modération n'ont eu qu'un impact négligeable.

Il ne s'agit pas de faire l'apologie d'une « décroissance » qui ferait l'impasse sur l'immense tragédie sociale que représentera(it) la mise au chômage de millions de travailleurs. Mais il s'agit bien de renoncer à faire croître notre PIB à tous crins, y compris (et surtout) par le biais des nouvelles techniques d'extraction des hydrocarbures. Promouvoir une « autre » croissance – moins énergivore, plus sobre et extraordinairement pourvoyeuse de travail –, est-ce possible ? Oui, et grâce à un progrès technique qui n'a rien à voir avec le pétrole de schiste. Voilà, enfin, une « bonne nouvelle ».

Graphique 5. Croissance exponentielle des émissions mondiales de gaz carbonique 1850-2005, en millions de TEC (tonnes équivalent carbone)

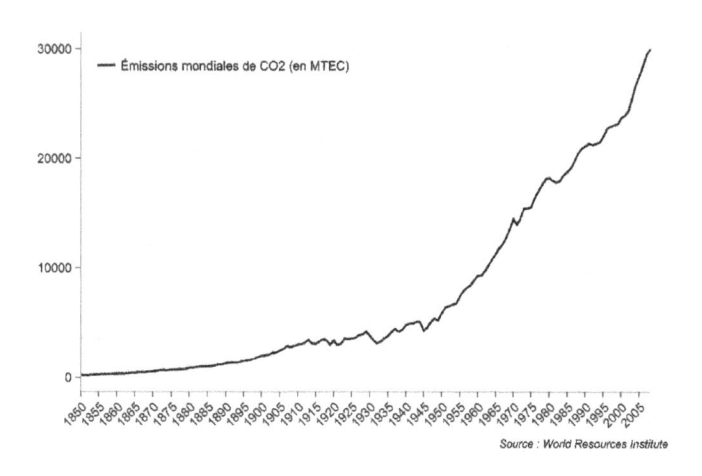

Source : World Resources Institute

La transition énergie-climat

Les Écritures nous invitent à prendre soin de la Création : « Et Dieu vit que tout cela était bon » (Gn 2). Nous savons désormais qu'elle est aussi fragile : nos modes de vie, de production, de consommation, hérités de la seconde révolution industrielle, ne sont pas compatibles avec le respect de cette Création, en particulier avec la finitude des ressources énergétiques fossiles et avec la lenteur de reproduction des énergies renouvelables. Les conférences épiscopales d'Allemagne [3] et de France [4] nous encouragent vivement à participer à l'extraordinaire conversion à laquelle nous convoque le défi énergétique. Conversion à un mode de vie sobre au sein d'une économie décarbonée et d'institutions justes, soucieuses des plus pauvres.

LA TRANSITION ÉCOLOGIQUE

Certes, les petits gestes du quotidien sont indispensables : consommer (beaucoup) moins de viande (rouge), ne plus boire d'eau en bouteille, élever des abeilles au fond de son jardin, ne plus prendre l'avion, préférer le train à la voiture, troquer nos ordinateurs fixes contre des ordinateurs portables [5], ne pas changer l'eau de sa piscine toutes les semaines, etc. Mais ceux-ci ne suffiront pas à freiner le réchauffement. D'autant qu'une partie de notre consommation énergétique est contrainte : ceux qui n'ont que leur voiture pour se rendre sur leur lieu de travail ou dont le logement est mal isolé ne peuvent pas « juste » faire du vélo et enfiler des pull-overs... La transition écologique, c'est le processus par lequel nos sociétés pourraient évoluer d'une organisation économique centrée essentiellement sur la consommation d'énergies fossiles et dont l'un des sous-produits est une émission massive de gaz à effet de serre vers une économie de moins en moins énergivore et polluante [6]. Elle est probablement aux décennies à venir ce que fut l'invention de l'imprimerie au XVe siècle ou la révolution industrielle aux XVIIIe et XIXe siècles.

À vrai dire, la génération qui arrive aujourd'hui à l'âge adulte a même une responsabilité historique : soit elle réussit à amorcer cette transition (au moins dans les pays anciennement industrialisés) et l'on parlera d'elle dans les livres d'histoire de la fin du siècle ; soit elle n'y parvient pas, et l'on parlera peut-être d'elle dans deux générations, mais en des termes très différents ! Car, on l'aura compris, cette transition représente un véritable bouleversement de société [7]. D'une certaine manière, le traumatisme des camps de concentration et du goulag a fait prendre conscience à un Occident effrayé de la perversion *possible* de la rationalité moderne issue des Lumières [8]. Une fois passé le temps de la reconstruction d'après-guerre (une génération), l'expérience de cette possible perversion a jeté un doute radical sur toute forme d'utopie « éclairée », que ce soit celle de la démocratie républicaine ou celle du « socialisme » collectiviste. Sans doute peut-on y lire l'une des origines de la désaffection à l'égard des grandes institutions (l'État en premier lieu, mais aussi l'Église) devenue sensible depuis les années 1970, et dont la chute du mur de Berlin en 1989 pourrait être le tardif avatar. Depuis lors, de quel grand projet de société disposons-nous, capable de mobiliser les énergies collectives, de tracer l'horizon d'un avenir commun ? Comme nous l'avons vu, le messianisme de la « société de propriétaires » semble être la seule « utopie » que portent certaines élites économiques liées au monde financier autour du bassin atlantique (ainsi, éventuellement, qu'au Japon et à Taïwan). L'actualité montre combien un tel projet, loin de résoudre la « panne eschatologique » de nos sociétés, conduit au désastre. La transition écologique représente une authentique alternative à cette utopie-là [9].

Concrètement, comment fait-on ?

Le plus immédiat, c'est sans doute la rénovation thermique destinée à diminuer drastiquement la consommation d'énergie par le bâtiment, premier gouffre à énergie de nos économies aujourd'hui. Cette première partie de la transition ne semble pas poser de problème technique majeur aux constructeurs et à l'ensemble des corps de métiers impliqués. Le seul frein qui retient le démarrage de ladite rénovation, c'est le manque de financement.

Le chantier qui arrive en second, parce qu'il touche à la deuxième source de consommation d'énergies fossiles, c'est la mobilité : l'avion, la voiture et le train. Et cette fois, les complications sont substantielles. Non pas à cause de l'avion : nous apprendrons à organiser des visioconférences plutôt qu'à traverser les océans pour la moindre réunion de travail. Les difficultés arrivent dès lors que l'on cherche à substituer intelligemment le train à la voiture et au camion, ce qui exige des compromis politiques (où allons-nous faire passer la nouvelle voie ferrée ?) et une complète révision de notre aménagement du territoire. Cela veut dire en effet un réaménagement complet des territoires, la remise en valeur d'une partie des réseaux ferroviaires que nous avons détricotés patiemment après la Seconde Guerre mondiale. Il faut donc revaloriser le transport public, tandis que l'urbanisme de nos villes exige d'être repensé. On peut anticiper qu'il faudra mettre fin aux banlieues pavillonnaires au profit de nombreuses petites villes très denses irriguées par un important transport public, et reliées les unes aux autres par le train et par un réseau de cars (faiblement consommateurs d'essence).

En outre, le train ne pourra pas être entièrement substitué à la voiture : il nous faudra développer considérablement le covoiturage, inventer un autre rapport aux quatre-roues.

Enfin, le troisième chantier, c'est celui de la transformation de nos modes de production de l'énergie : s'il n'est sans doute pas question de fermer toutes les centrales à charbon, du moins faut-il absolument y séquestrer le CO_2 produit et investir massivement dans les sources d'énergie décarbonée de manière à nous passer (au niveau européen) du charbon et en vue de réduire progressivement le gaz.

Allons plus loin. Si le prix des énergies fossiles devient très volatil, le commerce international pourrait diminuer significativement... En 2008-2009, il a baissé de 30 % en quelques mois – ce qui veut au moins dire que le commerce mondial *peut* se contracter de manière considérable. La « mondialisation » n'est pas irréversible. Évidemment, en 2008-2009, cette contraction était due aux effets redoublés du *krach* financier sur les économies réelles et des mouvements erratiques du prix du baril, dont on a vu qu'ils furent sans doute dictés par les mouvements de capitaux sur les marchés dérivés sur le pétrole. Mais une ascension du prix du baril à 200, 300 dollars, voire plus, pourrait bien impliquer qu'il n'y aura plus de crevettes thaïlandaises dans nos centres commerciaux en France, à Noël. Non point à cause du fret maritime, bien que celui-ci représente 80 % du fret international : le bateau consomme tellement peu de pétrole comparativement à la masse qu'il peut transporter que nous disposons d'une marge considérable avant qu'il ne devienne trop cher. Simplement, nous n'allons pas faire notre shopping à Port-de-Bouc, à côté de Marseille. Et le camion qui transporte nos produits quotidiens de Port-de-Bouc au centre commercial situé au coin de la rue, lui, est très consommateur de pétrole. Or, aujourd'hui, nous ne savons pas faire des camions électriques qui roulent très vite et qui transportent une grande quantité de produits sur une grande distance. Beaucoup d'entreprises l'ont déjà parfaitement compris, qui déplacent leurs usines vers les ports maritimes pour minimiser le coût du transport qui les sépare de la mer.

Si une rerégionalisation du commerce international devait s'opérer, cela voudrait dire également que les Européens auraient à réapprendre à produire eux-mêmes une partie des produits dont l'importation sera devenue trop onéreuse. Ce qui implique certainement une réindustrialisation de nos économies. Et l'agriculture ? Un réaménagement du territoire avec des petites villes très denses et des coûts de transport élevés, cela implique de revaloriser la poly-agriculture autour de tous ces centres urbains. Bonne nouvelle : ce sera l'occasion de mettre fin à l'excessive spécialisation agricole.

Le Conseil national du débat sur la transition écologique

Depuis janvier dernier, le Conseil national du débat sur la transition écologique (CNDTE), appuyé d'un groupe pluraliste d'une cinquantaine d'experts, a travaillé sur la manière de faire bifurquer vers une économie décarbonée notre société construite depuis les révolutions industrielles sur la consommation d'énergies fossiles [10]. À travers toute la France, près de 1 000 débats ont été organisés, rassemblant 170 000 personnes ; une journée citoyenne a impliqué 1 115 citoyens dans 14 régions ; 36 cahiers d'acteurs et 1 200 contributions citoyennes sur Internet ont été fournies. Une douzaine de scenarii de transition ont été identifiés, chiffrés, évalués. Parmi eux, le scénario négaWatt. Il ressort de cette mobilisation impressionnante qu'il serait possible, à la fois techniquement, économiquement et financièrement, de mettre la France sur la voie d'un nouveau modèle énergétique. Emprunter cette voie supposerait, selon le CNDTE, quatre résolutions fortes [11] :

– une réduction de la consommation d'énergie de l'ordre de 2 % par an, avec une priorité massive accordée à la sobriété des bâtiments et du transport ;

– une diversification du mix énergétique avec une montée en puissance progressive des énergies renouvelables (ER), dans le sillage de ce qui s'observe déjà au niveau mondial, où les ER sont en passe, dès 2016, de produire davantage d'électricité dans le monde que le gaz et deux fois plus que le nucléaire [12] ;

– une plus grande implication des territoires dans la définition et la mise en œuvre de projets locaux ;

– des dispositifs innovants de financement pour des opérations (par exemple de rénovation thermique du bâtiment) à rentabilité positive sur le long terme (*i.e.* au-delà de dix ans).

Soyons un tout petit peu plus précis. La sobriété énergétique exige sans doute : 1) Une hausse de la fiscalité sur les carburants et les combustibles fossiles accompagnée d'une baisse des limitations de vitesse automobile en ville et hors de la ville. Nous aurons plus de temps pour admirer le paysage... 2) Un plan d'investissement ambitieux (de l'ordre d'une dizaine de milliards d'euros en plus de la tendance actuelle), en particulier dans la rénovation thermique du bâtiment (tertiaire ou résidentiel). Ce plan pourrait débuter par le bâtiment public à l'échelle européenne. 3) Une hausse des prix de l'électricité.

De son côté, la montée en puissance des énergies renouvelables suppose : 1) Pour celles qui produisent de l'électricité (le vent, le soleil, l'eau, etc.), une hausse de la Contribution au service public de l'électricité (aujourd'hui de 13,50 euros le MWh soit 10 % du prix TTC de l'électricité facturé au particulier) afin de financer l'écart entre le prix de marché et le coût de revient de ces énergies nouvelles. La Contribution pourrait, par exemple, doubler durant la décennie qui vient en fonction de l'ambition politique et de l'évolution du prix de marché européen de l'électricité. 2) pour les autres énergies renouvelables, il faudra des dispositifs de soutien (doubler le fonds chaleur, créer un fonds de mobilisation de la biomasse, etc.). Enfin, pour que les territoires puissent prendre une part plus active dans la maîtrise de l'énergie, il leur faudra des responsabilités nouvelles et des pouvoirs d'expérimentation. La « troisième révolution industrielle » du Nord-Pas-de-Calais et le projet de méthanisation du Mené sont des exemples extrêmement prometteurs d'une telle prise en main régionale de la transition. On peut imaginer, par exemple, que la rénovation thermique du bâtiment public soit lancée *ad experimentum* à l'échelle de deux territoires français. S'il se vérifie, comme c'est prévisible, que nous avons les moyens techniques de réaliser cette rénovation, le succès de l'expérimentation permettrait alors de porter ce dossier au niveau européen et de le proposer à nos voisins. Si ceux-ci acceptent de s'y engager, ce sera une excellente nouvelle : la transition énergétique pourra alors commencer véritablement à l'échelle communautaire, et non plus seulement nationale. Si nos voisins refusent, alors la France pourra s'y engager à son échelle sans être soupçonnée de vouloir une fois de plus dissimuler ses dettes publiques sous le tapis d'une invention supplémentaire dont les Français auraient le génie. Pendant ce temps, l'expérimentation régionale aura lancé le bon « signal » pour que les entreprises du bâtiment se décident enfin à ouvrir les filières d'apprentissage de la rénovation, sans lesquelles nous nous retrouverions à court de main-d'œuvre qualifiée le jour où il s'agira de lancer ce chantier à grande échelle.

La transition, ça coûte combien ?

Une étude anglaise évalue les besoins pour la Grande-Bretagne à 650 milliards d'euros [13] ; la Commission européenne chiffre les investissements nécessaires pour atteindre le « facteur 4 » (réduction des émissions de GES de 80 % à horizon 2050 par rapport à leur niveau absolu de 1990 dans les pays occidentaux) à 1,5 % du PIB par an. D'après la Fondation Nicolas Hulot pour la nature et l'homme [14], le programme d'investissement à réaliser est sans doute de l'ordre de 2 à 3 % du PIB par an pendant dix ans, soit pour le cas de l'Europe, environ 3 000 milliards d'euros sur une décennie. Rappelons que les États ont déjà mis à la disposition des banques l'équivalent de 4 000 milliards d'euros depuis 2008. Et que la BCE a créé 1 000 milliards entre décembre 2011 et février 2012, toujours afin de « sauver les banques [15] ». La transition écologique coûterait donc, *aujourd'hui*, moins cher que le sauvetage inachevé du secteur bancaire. Mais plus nous attendons, plus son coût augmentera, bien sûr. Au fait, qu'attendons-nous ?

La réponse invariablement opposée à tout début de mise en œuvre de la transition par certains hauts fonctionnaires qui hantent les couloirs des ministères est triple :

– « cela a déjà été fait, et ça n'a pas marché » ;
– « les Allemands ne voudront pas » ;
– « il manque de l'argent ».

À l'évidence, la première objection est fausse : aucun pays n'a, à ce jour, véritablement entamé la transition. En démarrant la première, l'Europe pourrait devenir le leader mondial d'un processus auquel tout le monde, tôt ou tard, devra s'atteler. La deuxième objection est tout aussi irrecevable : « *Le temps presse, nous le savons tous*, a déclaré l'ancienne ministre de l'Écologie, Angela Merkel, lors de l'ouverture de la conférence sur le climat qui a rassemblé à Berlin les représentants d'une trentaine de pays, les 16 et 17 juillet 2012, [...] *mais on ne le dit pas assez. Car cela ne sert à rien, de jouer avec le temps. La limite maximale de deux degrés* [de réchauffement de la planète d'ici 2100] *n'est pas trop ambitieuse.* [...] *Et nous savons qu'avec ce qui est sur la table actuellement, nous ne maintiendrons pas le réchauffement en dessous de deux degrés.* [...] *Ce sera même plutôt le double.* »

Pour ce qui regarde la troisième objection, elle dit juste dans la mesure où les investissements nécessaires à la transition ne sont pas assez rentables d'un point de vue strictement financier. Sommes-nous toutefois certains qu'il n'y ait plus assez d'argent pour sauver la planète ? Comme nous allons le voir, le doute est permis.

Notes

1. Cf. Gaël Giraud et Cécile Renouard, *Le Facteur 12. Pourquoi il faut plafonner les revenus*, Paris, Carnets Nord, 2012, chap. 3.
2. Cf. Leonardo Maugeri, *Oil: The Next Revolution. The Unprecedented Upsurge of Oil Production Capacity and What it Means for the World*, Harvard Kennedy School, juin 2012 ; http://petrole.blog.lemonde.fr/2012/07/09/nier-limminence-du-pic-petrolier-est-une-erreur-tragique-dit-lancien-expert-petrolier-de-laie/ (page consultée en novembre 2013).
3. *Der Schöpfung verpflichtet (Obligés par la Création)*, mai 2011.
4. *Enjeux et défis écologiques pour l'avenir*, Paris, Le Cerf, avril 2012.
5. Le simple fait de substituer des portables aux ordinateurs fixes permettrait de fermer trois centrales nucléaires en France. Voir aussi e.g., la maison autonome de la famille Baronet, en Loire-Atlantique.
6. Cf. Jean-Marc Jancovici et Alain Grandjean, *Le Plein s'il vous plaît ! La solution au problème de l'énergie*, Paris, Le Seuil, 2006 ; *idem, C'est maintenant ! 3 ans pour sauver le monde*, Paris, Le Seuil, 2010 ; Domi-

nique Bourg, Alain Grandjean et Thierry Libaert, *Environnement et entreprises. En finir avec les discours*, Paris, Village mondial, 2006 ; Patrick Criqui, Benoît Faraco et Alain Grandjean, *Les États et le carbone*, Paris, PUF, 2009 ; Jean-Marc Jancovici, *Changer le monde. Tout un programme !*, Paris, Calmann-Lévy, 2011 ; Gaël Giraud et Cécile Renouard (dir.), *Vingt propositions pour changer le capitalisme, op. cit.*, propositions 7 et 8.

7. Les ouvrages de Jeremy Rifkin donnent une idée de l'horizon que nous pourrions viser, d'ici une cinquantaine d'années, pour parvenir à cette transition : *La Troisième Révolution industrielle. Comment le pouvoir latéral va transformer l'énergie, l'économie et le monde*, Paris, Les Liens qui libèrent, 2012 ; *Une nouvelle conscience pour un monde en crise. Vers une civilisation de l'empathie*, Paris, Les Liens qui libèrent, 2011 ; *Le Rêve européen. Ou comment l'Europe se substitue peu à peu à l'Amérique dans notre imaginaire*, Paris, Fayard, 2005. Reste que Rifkin ne détaille pas le chemin pour y parvenir et que son optimisme volontaire le conduit peut-être à négliger quelque peu les forces de résistance au changement et la violence sociale. Certains de ses écrits présentent aussi quelques inexactitudes. L'intérêt de son œuvre réside davantage dans sa force heuristique que dans sa précision.

8. Cf. Max Horkheimer et Theodor W. Adorno, *Dialektik der Aufklärung*, Amsterdam, Querido, 1947.

9. Cf. Programme des Nations unies pour l'environnement (PNUE), « Vers une économie verte. Pour un développement durable et une éradication de la pauvreté. Synthèse à l'intention des décideurs », 2011, www.unep.org/greeneconomy (page consultée en novembre 2013).

10. Cf. *Le Monde*, 18 septembre 2013, http://www.gaelgiraud.net/wp-content/uploads/2013/04/le-monde-18-09-2013.pdf (page consultée en novembre 2013).

11. http://www.transition-energetique.gouv.fr/ La synthèse du débat est commentée sur le site du président du Comité des experts pour le débat, Alain Grandjean.

12. www.iea.org/Textbase/npsum/MTrenew2013SUM.pdf (page consultée en novembre 2013).

13. V. la note 9.

14. Cf. http://financerlavenir.fnh.org (page consultée en novembre 2013).

15. Par deux fois, le 20 décembre 2011 et le 23 février 2012, la BCE a prêté, respectivement, 489 et 530 milliards d'euros aux banques euro-

péennes, au taux révisable de 1 % (tombé depuis lors à 0,75 %) sur 3 ans. Une partie de ce prêt a permis de transformer des prêts courts (à 15 jours) en prêts de maturité plus longue, de sorte qu'*in fine* « seulement » 527 milliards d'argent frais ont été injectés par la BCE sur le marché interbancaire. Mais ce sont bien 1 019 milliards qui sont dus pour 2015. Ce sont essentiellement les banques espagnoles (308 milliards), italiennes (265 milliards) et françaises (146 milliards) qui ont bénéficié de ces prêts. Elles ont immédiatement profité de cette manne pour payer une partie de leurs dettes auprès des banques d'Allemagne et des Pays-Bas, lesquelles, plutôt que se le prêter entre elles, l'ont derechef replacé... à la BCE. Cet argent n'a donc aucunement irrigué l'économie réelle, mais crée une vraie dette de la part des banques du Sud (France comprise) à l'égard du Nord.

Chapitre 5

LA CRÉATION MONÉTAIRE *EX NIHILO*

Deux points de vue opposés s'affrontent au sujet du pouvoir de création monétaire d'une banque commerciale. Le premier affirme que ce sont les dépôts qui font les crédits. Autrement dit, le travail d'une banque de crédit consisterait essentiellement à redistribuer de l'épargne *déjà existante.* Du coup, l'investissement dans le secteur réel serait financé (et donc conditionné) par les revenus qui le précèdent, et qui sont mis à la disposition des investisseurs grâce à l'intermédiation bancaire. Ce point de vue est défendu, par exemple, par Frédéric Oudéa, P-DG de la Société générale : « Nous ne pouvons créer de l'argent. Il nous faut le collecter à travers les dépôts des particuliers et des entreprises ainsi que par des émissions sur les marchés[1]. »

En face, un second point de vue souligne, au contraire, que ce sont les crédits qui font les dépôts[2]. Une thèse paradoxale : le salaire que je dépose sur mon compte provient-il d'un crédit ? Inversement, toute monnaie n'est-elle pas fondamentalement une reconnaissance de dette (de la part des banques privées à l'égard de la banque centrale) ? Si ce second point de vue est le bon, il est faux de prétendre qu'un banquier ne fait que prêter l'argent des autres : il crée aussi de la monnaie. Qui a raison ?

Ce débat est décisif pour la compréhension de la crise actuelle : si l'argent prêté à la Grèce, par exemple, et que celle-ci ne pourra jamais rembourser[3], provient de l'épargne préalable d'un salarié, on peut comprendre que ce dernier ne puisse tolérer que la Grèce n'honore pas sa dette. Si, en revanche, il s'agit d'une monnaie créée *ex nihilo*, qui n'a presque rien coûté aux banques qui ont imprudemment prêté à Athènes, alors, c'est la destruction actuelle de la société grecque au motif qu'elle *doit* honorer ses dettes qui devient problématique. En outre, si les banques commerciales constituent *la* principale planche à billets mondiale, et si vous êtes persuadé qu'utiliser la planche à billets est un crime, alors les premiers coupables ne sont pas les États (en particulier au sein de la zone euro, où ils ont été dépossédés du pouvoir de frapper monnaie) mais les banquiers privés. Réciproquement, si faire fonctionner la planche à billets n'est pas un crime, alors la transition écologique a quelque chance de pouvoir être financée.

Le « mysticisme bancaire »[4]

Commençons par remarquer qu'*une banque est parfaitement autorisée à prêter de la monnaie qu'elle n'a pas dans ses comptes, et que, par conséquent, elle crée dans l'instant même où elle la prête*. Au contraire d'une société de crédit immobilier, par exemple, qui ne détient pas ce droit. Une banque n'a pas le droit, en revanche, de créer de monnaie *au-delà* de certains ratios qui dépendent de ses fonds propres et de ses réserves obligatoires[5]. Ces ratios suscitent d'immenses débats aujourd'hui parce que les nouvelles normes (Bâle III) proposées par le Comité de Bâle[6], et adoptées par l'Europe, sont plus exigeantes que les précédentes et sont donc susceptibles *a priori* d'entraîner une réduction du volume de crédit accordé par les banques au secteur réel. Personne, par conséquent, ne nie qu'une banque soit en mesure de créer de la monnaie lorsqu'elle accorde un crédit. À cette observation élémentaire, ajoutons deux remarques.

1. Les dépôts bancaires sont parfaitement liquides, et donc entrent dans la définition de la monnaie, ce qui est supposé induire une frontière fondamentale entre les banques et les autres institutions financières (les fonds spéculatifs, les assureurs, les fonds de *private equity*, etc.) : seules les premières disposeraient de dépôts authentiquement monétaires. C'est l'argument habituellement invoqué pour justifier le fait que les institutions financières non bancaires ne sont pas soumises aujourd'hui aux mêmes règles prudentielles que les banques qui, parce qu'elles disposent du pouvoir de création monétaire, verraient ce pouvoir limité par les ratios prudentiels, tandis que les premières, parce qu'elles n'ont aucun pouvoir de création monétaire, n'auraient pas besoin d'être soumises à ces règles.

2. Les humeurs du public (plus précisément, sa préférence pour des actifs liquides comme de la monnaie, par opposition à des actifs très peu liquides, comme un tableau de Rembrandt) n'affectent pas le volume de monnaie en circulation. Quoi que nous fassions de la monnaie en circulation, nous ne pouvons que modifier sa distribution et non son volume – à moins que la Banque centrale ne « stérilise » une partie de la monnaie en vendant certains de ses actifs, ce qu'elle ne fait que très rarement par crainte de provoquer une récession. Le *krach* de 2008, par exemple, a provoqué une réduction d'un quart de la capitalisation boursière de la planète mais n'a pas supprimé le moindre centime en circulation.

LA CRÉATION MONÉTAIRE *EX NIHILO*

Une banque se distingue donc des autres institutions financières par le fait qu'elle est seule à disposer du pouvoir de création monétaire. Cela suffit-il pour considérer qu'elle s'en distingue radicalement et dispenser les institutions non bancaires des règles de prudence auxquelles une banque est astreinte[7] ? Toutes sont confrontées à la tâche *identique* de satisfaire simultanément les demandes de deux types d'acteurs économiques : les prêteurs, qui veulent détenir une part de leur richesse sous la forme d'actifs dont la valeur monétaire soit aussi stable que possible et aussi peu soumise au risque de défaut que possible ; et les emprunteurs qui, eux, veulent détenir des actifs au-delà des limites de leur propre richesse, afin de consommer ou d'investir dans l'économie réelle ou encore de participer à des schémas de Ponzi financiers (cf. chap. 1). Le passif des institutions financières (c'est-à-dire les actifs des prêteurs) est, en général, moins risqué et plus liquide que leurs actifs. Ainsi un déposant peut-il retirer l'argent de son compte à vue (compte courant) n'importe quand (ce qui traduit la liquidité du compte) tandis qu'une banque ne peut exiger de son débiteur qu'il la rembourse n'importe quand. Ce qui permet aux institutions financières, que ce soient des banques ou non, d'accomplir cette transformation entre dettes et créances, c'est le fait qu'elles effectuent ces opérations à grande échelle. Le risque est faible, en général, que tous les prêteurs exercent leur droit à la liquidité simultanément[8]. En face, les emprunteurs peuvent choisir le mode d'endettement qui leur convient, en fonction des contrats proposés par les institutions financières en exercice : les uns choisiront un contrat de dette cher (au sens où le taux d'intérêt et/ou le montant du collatéral sont élevés) mais peu liquide (donc plus sûr pour l'emprunteur), d'autres feront le choix inverse. Les prêteurs, à leur tour, sont confrontés à un choix analogue. Rien ne les contraint, en particulier, à déposer leur argent sur un compte à vue, certes parfaitement liquide mais non rémunéré.

Dès lors, quand une banque crée de la monnaie sous forme de prêt, cette monnaie peut fort bien (et c'est ce qui arrive le plus souvent) atterrir dans un portefeuille financier géré par une institution non bancaire. Inversement, lorsqu'un client emprunte de la monnaie (qui existait déjà) auprès d'une institution non bancaire, il se peut qu'il décide de la placer en dépôt dans une banque. Autrement dit, les crédits bancaires n'ont aucune raison, en général, d'être égaux aux dépôts bancaires car chacun d'eux ne représente qu'un type de créance ou de dette, partiellement substituable à beaucoup d'autres. Pour qu'une banque puisse attirer de la monnaie sur ses comptes, il faut que le coût de détention de cette monnaie soit attractif. De ce point de vue, une banque est confrontée aux mêmes exigences que n'importe quelle autre institution financière, avec qui elle est en concurrence. Pour que la demande de compte courant non rémunéré augmente de la part du public, il faut que les taux d'intérêt versés sur les autres types de placement diminuent. Ce qui n'a rien à voir avec la « nature » intrinsèque de la monnaie mais relève d'un simple arbitrage entre prix et liquidité.

La distinction entre banques et institutions financières non bancaires est donc peu pertinente pour ce qui est de la circulation de la monnaie. Ceci se reflète d'ailleurs dans l'hésitation des économistes quant à la définition de la monnaie elle-même : nous disposons de plusieurs manières de définir le stock de monnaie, qui diffèrent selon sa plus ou moins grande liquidité (M1, M2, M3). Quand bien même nous avons d'excellentes raisons d'estimer que l'agrégat le plus pertinent est M1 [9], cette hésitation et le caractère en partie interchangeable de l'origine et de la destination des actifs monétaires (qui entrent dans les différents agrégats mentionnés à l'instant) suggèrent que nous devrions considérer les institutions financières comme un *continuum* au sein duquel deux acteurs se différencient par le degré de liquidité et de risque des actifs qu'ils proposent, mais non par la nature de leurs activités. Toutes devraient donc être soumises aux règles du jeu.

Autre conséquence de ce qui précède : une banque commerciale peut créer du crédit *ad libitum* jusqu'à ce que le coût de création d'un crédit supplémentaire excède le rendement qu'elle en attend, compte tenu du taux d'intérêt auquel elle se refinance auprès de la banque centrale (ou des marchés) et du coût d'ajustement en capital de cette création supplémentaire. Les contraintes de réserves, de liquidité et de capital affectent par conséquent la *profitabilité* d'un prêt mais *non la quantité* de prêts qu'une banque peut accorder. C'est ici que se loge la mauvaise foi de ceux qui affirment que les banques ne peuvent pas créer de la monnaie à partir de rien. En réalité, elles le font tous les jours. Ce qui est exact, en revanche, c'est que créer *davantage* de monnaie en accordant davantage de prêts peut, dans certaines circonstances, diminuer leurs profits.

Les règles prudentielles des banques

On répond parfois que, tenues de respecter leurs ratios de réserves obligatoires et de fonds propres, les banques ne *peuvent* pas émettre plus de monnaie que ce à quoi elles y sont autorisées par les réserves et le capital dont elles disposent. De sorte qu'à un coefficient multiplicateur près (le « multiplicateur monétaire »), ce sont bien les réserves obligatoires, donc, *in fine*, la banque centrale, qui décideraient de la quantité de monnaie en circulation, et non les banques de second rang. Cette objection est inexacte, et pour plusieurs raisons. Tout d'abord parce qu'il existe plusieurs moyens, pour une banque, de contourner le ratio de réserves obligatoires : l'un d'eux consiste à titriser la créance qu'elle vient de créer et à l'extraire de son bilan en la vendant sur les marchés. En effet, les créances titrisées sont soustraites du montant des créances soumis au ratio de réserves obligatoires. C'est ce mécanisme qui a permis aux banques espagnoles, par exemple, d'accorder des crédits en quantité extravagante à des projets immobiliers dénués de toute pertinence économique : les crédits accordés étaient immédiatement revendus (tout comme les dettes des ménages pauvres américains du chapitre 1) sans que les banques eussent la moindre nécessité de venir quémander de la monnaie au guichet de la BCE. Irresponsabilité qui a conduit l'Espagne dans la situation que l'on sait.

La seconde raison pour laquelle l'objection précédente ne résiste pas à l'analyse est la suivante : en réalité, les banques ne vérifient pas *ex ante* si l'octroi d'un crédit supplémentaire est compatible avec leurs réserves existantes ; elles ajustent *ex post* leurs réserves à leur encours de crédit. Une banque centrale peut-elle refuser à une banque de second rang les réserves dont celle-ci a besoin pour satisfaire son ratio ? Jamais. Toutefois, la banque centrale n'y consent qu'à un certain prix : le coût de refinancement (soit le taux d'intérêt directeur de la banque centrale) qui peut, éventuellement, pénaliser la banque commerciale. D'où une stratégie comme celle de la titrisation à grande échelle, qui permet d'économiser le coût du refinancement. Ce coût, du reste, est quasiment nul depuis 2009 aux États-Unis, au Japon ou au Royaume-Uni, et l'est également depuis peu en zone euro (il était déjà très faible depuis plusieurs années).

Reste le plus important : ce sont les crédits qui créent les réserves, et non l'inverse. Toute circulation monétaire débute par sa création *via* un crédit accordé par une banque (de quelle autre source la monnaie peut-elle provenir aujourd'hui ?) et s'achève lorsque cette monnaie réintègre le bilan de la banque centrale. Cette affirmation relève-t-elle d'une théorie abstruse issue de quelque mystique monétaire ? Non, elle était rappelée en 1969 déjà par le vice-président de la Réserve fédérale, Alan R. Holmes [10]. Elle est reprise à l'envi aujourd'hui par les économistes qui connaissent le fonctionnement du secteur bancaire et qui n'ont pas d'intérêt personnel à prétendre que les banques ne peuvent pas créer de monnaie [11]. Enfin, elle est largement vérifiée empiriquement [12]. Conclusion, ce que d'aucuns qualifient de mysticisme bancaire n'est qu'une vérité banale : une banque privée crée tous les jours de la monnaie à partir de rien. Et si demain elle s'y refuse, ce n'est pas parce qu'elle ne le peut pas mais parce qu'elle ne le *veut* pas.

La planche à billets, ce sont les banques ?

Est-ce à dire qu'une banque peut créer une quantité arbitraire de monnaie ? Non : il faut que quelqu'un ait envie de lui emprunter cette monnaie. C'est ici que le secteur bancaire *stricto sensu* et le secteur financier travaillent main dans la main. Quel est en effet pour une banque l'intérêt du développement stratosphérique du secteur financier non bancaire ? Ne sont-ils pas partiellement concurrents ? Certes, mais c'est aussi le secteur financier qui, grâce à la déréglementation amorcée dans les années 1980, développe des stratégies financières promettant des leviers astronomiques. Lesquels requièrent que ceux qui veulent bénéficier de ces promesses... s'endettent auprès des banques. En d'autres termes, le secteur financier est une formidable machine à produire des pyramides de Ponzi, et donc à entretenir la flamme des emprunteurs auprès des banques. L'un des meilleurs exemples de ce phénomène nous est fourni par les fonds de *private equity* (c'est-à-dire les fonds d'investissement dans les sociétés non cotées, notamment au moyen du rachat par endettement, *leverage-buy-out*, LBO), dont la tâche consiste à s'endetter dans des proportions considérables pour racheter une entreprise, la restructurer au pas de charge, puis la revendre avec une plus-value substantielle. Sans un secteur bancaire pour prêter jusqu'à 95 % de la valeur de l'entreprise, permettant ainsi un effet de levier, la plupart des fonds de *private equity* n'existeraient pas. Inversement, sans l'activité fébrile de ces fonds, les banques auraient beaucoup moins d'emprunteurs à leurs guichets.

Dans ces conditions, pourquoi tant de banquiers nient-ils qu'ils disposent du pouvoir de création monétaire *ex nihilo* ? Parce qu'une fois que cela aura été compris, les banques ne pourront plus s'abriter derrière le contexte international difficile ou les normes Bâle III pour réduire l'encours du crédit qu'elles accordent : si elles choisissent de réduire leurs crédits, c'est afin de préserver leurs profits. Ce qui implique que l'éventuel *credit crunch* (pénurie de crédit) que pourrait provoquer la mise en pratique de Bâle III ne proviendra pas de l'aveuglement des régulateurs mais de l'appétit des banques, de leurs dirigeants et de leurs actionnaires. Ce *credit crunch* a d'ailleurs déjà commencé, de sorte que la menace brandie par certaines banques pour tenter de dissuader le régulateur d'imposer les règles de Bâle III est en grande partie déjà réalisée.

Ce point n'implique pas, en revanche, que l'effondrement du crédit bancaire à destination de l'économie réelle auquel nous assistons en France et, de manière plus marquée encore, en Europe, ne provient *que* d'un resserrement de l'offre de crédit. La demande de la part des ménages et des entreprises s'est affaissée, elle aussi. La raison de cet affaissement se trouve bien évidemment dans la pente déflationniste sur laquelle glisse l'économie européenne, nous y reviendrons. Reste qu'il suffit de discuter avec des patrons de PME hors de Paris (mais aussi avec certains poids lourds du CAC 40) pour faire rapidement l'expérience que la demande de crédit non satisfaite en France est considérable.

Comprendre qu'une banque privée dispose du pouvoir de création monétaire *ex nihilo*, c'est prendre conscience que la planche à billets est son principal outil de travail. Cet instrument, dont l'usage, à en croire certains, relèverait du péché originel, tourne à plein régime depuis des décennies. Pourtant, beaucoup d'entre nous sont encore persuadés qu'actionner la planche à billets revient *ipso facto* à produire de l'inflation. Et l'inflation, comme chacun croit le savoir, dégénère toujours en hyperinflation. Nos voisins allemands seraient d'ailleurs intimement convaincus que c'est l'hyperinflation qui a conduit Hitler au pouvoir. En réalité, les historiens d'outre-Rhin savent bien que ce n'est pas à l'issue de la période d'hyperinflation (1923-1924) que le parti national-socialiste a gagné les élections de 1933 mais après trois années d'austérité budgétaire mise en œuvre par le chancelier Brüning. Précisément ce que nous sommes en train de faire en Europe...

Les conséquences de ces remarques sont décisives pour la politique européenne à venir. Nous pouvons en effet anticiper que les politiques monétaires de *quantitative easing* (assouplissement quantitatif) menées par les banques centrales (Fed, Banque d'Angleterre, banque centrale du Japon, BCE, etc.) consistant à inonder le secteur bancaire de liquidités à coût nul ne suffiront pas à relancer l'économie européenne. Pourquoi ? Parce que manipuler la base monétaire (c'est-à-dire la masse de monnaie « banque centrale » créée par la banque centrale à destination des banques de second rang) ne permet pas, en tant que tel, de contrôler la quantité de monnaie que les banques mettent à disposition du secteur réel de l'économie. Alors que la base monétaire d'à peu près tous les pays industrialisés explose depuis plusieurs années (son taux de croissance est de 15 % / an depuis le milieu des années 1990, 30 % / an depuis 2008), les agrégats monétaires au-dessus de M0 sont décorrélés de cet agrégat fondamental : beaucoup de banques rechignent à prêter au secteur réel. Parce qu'elles sont elles-mêmes surendettées et n'osent plus prendre le risque de prêter (de la monnaie qu'elles créent *ex nihilo*) ? Oui. Parce qu'une partie du secteur industriel est elle-même surendettée, et n'ose plus emprunter compte tenu des perspectives économiques aussi moroses ?

Circonstance aggravante, non seulement les banques ne redistribue(ro)nt pas l'argent qui leur sera prêté à coût nul mais certaines n'accepteront même pas le prêt : en février 2012, seule la moitié des 1 000 milliards mis à disposition des banques par la BCE a été effectivement empruntée. Pourquoi ? Parce que certaines banques privées n'ont même plus les actifs nécessaires pour servir de garantie aux prêts de leur banque centrale. Parce que d'autres évaluent le risque de leur propre insolvabilité à de tels sommets qu'elles préfèrent ne pas augmenter leurs dettes vis-à-vis de la banque centrale. Ce qui signale la détresse dans laquelle elles se trouvent. Dès lors, le secours peut-il vraiment venir des banques centrales ?

Notes

1. Commission des affaires économiques, 14 juin 2011, séance de 17 heures, compte rendu n° 77.
2. Cf. Joseph A. Schumpeter, *The Theory of Economic Development: An Inquiry Into Profits, Capital, Credit, Interest and the Business Cycle*, Cambridge (Massachusetts), Harvard University Press, 1934, p. 73.
3. Cf. Gaël Giraud, « La dette grecque interroge la zone euro », *Projet*, n° 315, 2010, p. 72-79 ; *idem*, « Après le *krach* des dettes publiques, reconstruire », *Études*, vol. 415, octobre 2011, p. 317-328.
4. Paul Krugman, « Banking Mysticism, Continued », *The New York Times*, 30 mars 2012.
5. En zone euro, par exemple, depuis le 18 janvier 2012, une banque doit déposer 1 % de ses dépôts sous forme de réserve auprès de la BCE. (Ce taux était de 2 % jusqu'à fin 2011. Aux États-Unis, il est de 4 %.)
6. Le Comité de Bâle, créé en 1974, réunit les gouverneurs des principales banques centrales du monde occidental, ainsi que leurs autorités de contrôle prudentiel nationales. Sous l'égide de la BRI (Banque des règlements internationaux), il propose des normes internationales de règles prudentielles. Les premières furent synthétisées en 1988 sous le nom d'accords de « Bâle I », eux-mêmes remplacés en 2004 par Bâle II, puis en 2012 par Bâle III.
7. Cf. John G. Gurley et Edward S. Shaw, *Money in a Theory of Finance*, Washington DC, Brookings Institution, 1960 ; James Tobin,

« Commercial Banks as Creators of "Money" », in Deane Carson (dir.), *Banking and Monetary Studies*, 1963, p. 408-419.

8. Sauf, justement, en cas de panique autoréalisatrice, c'est-à-dire de tache solaire, raison pour laquelle une banque peut faire faillite en un jour alors qu'elle détient le pouvoir de création monétaire.

9. Cf. Gabriel Galand et Alain Grandjean, *La Monnaie dévoilée*, Paris, L'Harmattan, 1997.

10. Cf. Alan R. Holmes, « Operational Constraints on the Stabilization of Money Supply Growth, in *Controlling Monetary Aggregates*, Boston, The Federal Reserve Bank of Boston, 1969, p. 65-77.

11. Parmi eux, les différents intervenants au sein du débat entre Steve Keen et Paul Krugman, dont Scott Fullwiler et Keen lui-même (http://unlearningeconomics.wordpress.com/2012/04/03/the-keenkrugman-debate-a-summary/). Cf. Gabriel Galand et Alain Grandjean, *op. cit.*

12. Cf. Hyman P. Minsky, « The Endogeneity of Money », in Edward J. Nell et Willi Semmler (dir.), *Nicholas Kaldor and Mainstream Economics: Confrontation or Convergence?*, New York, St. Martin's Press, 1991, p. 207-220 ; Basil J. Moore, « The Endogenous Money Stock », *Journal of Post Keynesian Economics*, vol. 2, n° 1, 1979, p. 49-70.

Chapitre 6

LE DILEMME DES BANQUES CENTRALES

Pourquoi diable les banques européennes sont-elles à présent en détresse, alors qu'elles n'ont cessé d'affirmer depuis 2009 qu'elles avaient surmonté le choc des crédits *subprime*? Pourquoi les banques irlandaises ont-elles toutes fait faillite à l'automne 2010, alors qu'elles avaient passé avec succès les *stress tests* de la BCE durant l'été? Pourquoi Dexia a-t-elle fait faillite alors que, cette même année, elle avait obtenu une meilleure note que BNP Paribas à ces mêmes tests? Certaines banques seraient donc capables de raconter des histoires à leurs clients, et même au grand public? Goldman Sachs a continué de vendre des titres *subprime* à certains de ses clients, fin 2007, tout en adoptant des positions contre ces titres. Ce qui a permis à la banque new-yorkaise de gagner de l'argent alors que ces mêmes clients se sont retrouvés ruinés par la dégringolade des titres qu'elle venait de leur vendre...

Le mensonge structurel par omission

Le problème n'est pas seulement lié au fonctionnement très problématique d'une institution comme Goldman Sachs : il est intrinsèque au métier bancaire. En effet, le pire qu'une banque puisse craindre, c'est que ses clients cèdent tous simultanément à la panique et retirent ensemble leurs fonds. Comme ladite banque aura inévitablement prêté davantage que ce qu'elle détient effectivement (cf. chap. 5), elle sera immédiatement ruinée, et ses derniers clients (ceux qui n'auront pas encore été servis parce qu'ils auront couru moins vite que les autres) seront ruinés avec elle. Comment éviter un tel *bank run* (« course au guichet »)? En continuant d'expliquer, en dépit parfois du bon sens, que « tout va bien ». Cela n'implique pas qu'un banquier qui prend la parole publiquement est *ipso facto* un menteur. Cela signifie que ce qu'il dit n'a pas de valeur informative : quel que soit l'état réel de son bilan, il ne pourra jamais dire que cela va mal, sauf à courir le risque de provoquer sa propre faillite. Dès qu'ils prennent publiquement la parole, les banquiers sont donc pris dans une structure potentiellement mensongère. Pour le dire autrement : le métier d'un banquier n'est pas de parler en public [1].

Cela ne vaut pas pour toutes les banques, nous répondront certains lecteurs. En effet, la crainte du *bank run* est avant tout l'affaire des institutions qui pratiquent le métier des *banques commerciales*, c'est-à-dire collectent des dépôts et accordent des crédits aux particuliers et aux PME. Les pures *banques d'investissement*, elles, engagent des opérations d'introduction en bourse, de fusion-acquisition, et créent des actifs financiers qu'elles échangent sur les marchés pour le service de leurs clients : la course au guichet ne les concerne pas. En revanche, elles sont directement affectées par un autre type de panique : celle qui peut saisir un marché financier et entraîner tous ses acteurs à vendre systématiquement un certain type de titres, comme ce fut le cas en 2008. Si notre banque d'investissement détient une part importante des titres bradés, elle est en danger. Au fond, le phénomène est semblable à la course au guichet : dans l'un et l'autre cas, il s'agit d'une course à la liquidité monétaire où chacun sait que celui qui arrivera le dernier perdra beaucoup. Dans la situation des marchés financiers secondaires, celui qui vend trop tard vendra un titre dévalué et perdra une part substantielle de son capital. Toutes les banques sont donc hantées par le spectre de la panique, quelle que soit la forme que peut prendre cette dernière. En outre, le modèle qui prévaut en Europe est celui des « banques universelles », c'est-à-dire des banques qui pratiquent à la fois le métier de banque commerciale et celui de banque d'investissement. Elles sont donc doublement concernées par la crainte d'une panique. Aux États-Unis, le très fameux Glass-Steagall Act de 1933 interdisait le cumul des métiers, mais il a été aboli par le non moins fameux Gramm-Leach-Bliley Act de 1999 – sous l'administration Clinton, donc. Les « pures » banques d'investissement qui subsistaient encore en 2008 ont fait faillite (à l'instar de Lehman Brothers) ou ont été absorbées par d'autres (comme Merrill Lynch) ou se sont soudainement enregistrées comme des banques commerciales traditionnelles afin de bénéficier de l'aide financière de la Fed – c'est le cas de Goldman Sachs.

Certes, les banques ne sont pas les seules institutions commerciales à se retrouver piégées dans une telle structure : toutes les entreprises cotées en bourse sont contraintes de minimiser leurs erreurs afin de ne pas effrayer leurs actionnaires et leurs créanciers. Cette difficulté éclaire d'ailleurs d'un jour nouveau le vieux débat, déjà initié par Michel Albert [2] au début des années 1990, entre un capitalisme de type continental, où le financement des entreprises est majoritairement assuré par le secteur bancaire, et un capitalisme anglo-saxon où, au contraire, le financement des entreprises est assuré avant tout par les marchés. Plus la part du financement par les marchés est grande, plus grandes seront les difficultés des entreprises qui en dépendent pour intervenir dans le débat public sans éprouver de conflit entre la vérité et leurs propres intérêts. Aujourd'hui, les marchés représentent environ un tiers du financement des entreprises d'Europe continentale, contre deux tiers aux États-Unis.

Mais les banques ont ceci de spécifique qu'elles sont confrontées à ce problème même lorsqu'elles ne sont pas cotées en bourse.

Autre objection possible à la thèse du « mensonge structurel » des banques : si celles-ci mentaient effrontément, elles seraient punies par la loi. Un exemple montre aisément que pareille affirmation relève malheureusement de la naïveté : créée début 2012 pour comprendre pourquoi les entreprises du CAC 40 sont trois fois moins imposées que les PME et comment les riches contribuables français dissimulent leur fortune à l'ombre des paradis fiscaux, une commission sénatoriale a auditionné Baudouin Prot, le président de BNP Paribas, en avril 2012. M. Prot, sous serment, a considérablement minimisé le rôle des produits d'épargne proposés par sa banque et transitant dans des paradis fiscaux. Or les documents internes de BNP Paribas, consultés par les sénateurs et par le journal *Marianne*, contredisent les déclarations de son patron[3]. De même, Baudoin Prot a affirmé devant le Sénat qu'il y avait quatre entités rattachées à BNP Paribas à Singapour, huit en Suisse et douze à Hong Kong. Le Comité catholique contre la faim et pour le développement (CCFD), après consultation du *Document de référence et rapport financier annuel 2011*, en a dénombré respectivement huit, dix et vingt-deux dans les mêmes paradis fiscaux [4].

Autre exemple : en octobre 2013, la banque américaine JPMorgan Chase a conclu un accord avec le département américain de la justice pour payer le montant record de 13 milliards de dollars afin de mettre fin à une série de poursuites liées à la crise des titres dérivés de prêts hypothécaires risqués, les *subprimes*. Ces 13 milliards viennent s'ajouter aux milliards de dollars d'amendes versés par JPMorgan dans le cadre des pertes de courtage de dérivés essuyées en 2012 (l'affaire dite de la « baleine de Londres »). Elle est aussi visée par des accusations de corruption en Chine ou sur ses activités de courtage d'électricité. La banque vient de passer, au troisième trimestre 2013, sa première perte depuis près de dix ans à cause d'une provision juridique massive de 9,2 milliards de dollars. Cet exemple illustre trois points : le premier, c'est qu'il y a bel et bien des banques de premier rang interpellées par la justice. Le second, c'est qu'aux États-Unis, il est possible d'interrompre le processus judiciaire avant toute sentence à condition d'en payer le prix, ce qui permet de n'avoir jamais à reconnaître la moindre faute. Le troisième, c'est qu'aucune sanction massive de ce type n'est encore venue frapper une banque européenne. Est-on sûr que cela est dû à leur plus grande vertu ?

Le scandale de l'EURIBOR et du LIBOR

Dans ces conditions, pourquoi écoute-t-on une banque qui parle en public ? Pourquoi lui donne-t-on la parole ? C'est bien là, la difficulté. Une bonne illustration du problème nous est peut-être fournie par l'énorme scandale du LIBOR. Le *London Interbank Offered Rate* est le taux interbancaire (auquel les banques se prêtent entre elles) en dollars pratiqué à Londres. Plus exactement, c'est la courbe des taux à différentes maturités (échéances de trois mois, six mois, un an, etc.) auxquels les banques sont censées se prêter entre elles. Ces taux sont déterminés de la manière suivante : on demande à seize banques de la City de dire quel taux ont exigé d'elles les établissements financiers auxquels elles ont emprunté le jour boursier précédent. Non pas le taux auquel elles ont elles-mêmes prêté mais celui auquel elles ont emprunté. Pour éviter que le résultat ne soit manipulé de manière stratégique, la British Bankers' Association (BBA) élimine les quatre valeurs les plus élevées et les quatre les plus faibles, et fait la moyenne des huit taux restants.

À quoi servent ces taux ? À calculer le montant de la « jambe fixe » des *swaps* de taux. En clair, cela signifie fixer une partie du prix de tous les produits échangés sur le deuxième marché (par la taille) de produits financiers construits sur les taux d'intérêt à moyen et long terme (derrière le marché des dettes souveraines et des *futures* sur dettes souveraines). Un marché qui, en 2010, représentait 434 000 milliards de dollars (plus de 200 fois le PIB français).

Ce que certains avaient remarqué, dès avril 2008 [5], c'est que les banques britanniques mentaient probablement à la baisse sur les taux qu'elles annonçaient. S'il s'avérait que plus de la moitié d'entre les banques interrogées a menti de manière systématique, alors les conséquences seraient phénoménales. Cela voudrait dire, en effet, que les prix de tous les produits *swaps* échangés depuis 2008 étaient faux.

Pourquoi les banques auraient-elles menti ? Parce que si une banque annonce le taux exact auquel on consent à lui prêter, et si ce taux est élevé, elle révèle la piètre opinion que ses concurrentes ont d'elle. Du coup, elle s'expose à des sanctions endogènes auxquelles ses camarades de jeu ne manqueront pas de se livrer, par exemple *via* l'usage des CDS (cf. chap. 3). Nous savons, à présent, que ces instruments financiers permettent de gagner beaucoup d'argent aux dépens de ceux qui vont mal. Cela fournit une raison supplémentaire pour laquelle même une banque d'investissement ne peut *jamais* dire qu'elle va mal.

Toutefois, en sous-estimant le LIBOR, les banques auraient en quelque sorte contribué à minimiser l'impact de la crise des crédits *subprime*, puisqu'elles ont aidé à maintenir à des niveaux raisonnables les taux appliqués aux ménages pauvres du secteur *subprime*. Du coup, n'était-il pas avantageux pour lesdits ménages précaires (et leurs créanciers) que les taux fussent artificiellement faibles ? Pourquoi, si elle a « bien agi », la Barclays a-t-elle été condamnée à une amende de 359 millions d'euros en juillet 2012 ? Pourquoi son DG, Bob Diamond, après avoir perçu 18,6 millions d'euros de rémunération en 2011, a-t-il renoncé à son bonus en 2012 ? Pourquoi a-t-il finalement démissionné de son poste, à la suite du président de la banque, Marcus Agius ? Et pourquoi la Barclays est-elle punie la première alors qu'il est très vraisemblable que presque toutes ont menti (Deutsche Bank, HSBC, Bank of America, Société générale, UBS, etc.) ? Ne sommes-nous pas précisément dans l'une des rares situations où Benjamin Constant a raison contre Emmanuel Kant ? Où mentir est socialement bénéfique pour tous ?

La réponse se trouve dans le commerce d'actifs financiers dérivés qui permettent à une banque de gagner de l'argent lorsque, disons, le LIBOR descend de quelques points de base... La taille de la Barclays (l'une des cinq plus grosses banques du Royaume-Uni) lui permettait de miser des sommes si pharaoniques sur cette baisse que, par comparaison, les quelques centaines de millions d'euros d'amende sont une broutille.

Le mensonge de certaines banques et la crédulité apparente des autorités ne sont nullement le privilège de la City : le *Wall Street Journal* du 10 décembre 2012 révélait en effet que la Commission européenne pourrait bientôt accuser plusieurs banques du continent européen de complicité dans la manipulation de l'Euribor – l'*alter ego* du Libor pour la zone euro. Cette fois, c'est la Fédération bancaire européenne qui, depuis des années, a demandé à un panel de banques européennes de lui révéler le taux auquel elles venaient de commercer avec leurs consœurs. Certes, au lieu de se contenter d'en interroger 18, elle prend les avis de 40 d'entre elles. Cela empêche-t-il les collusions ? Cela réduit-il l'incitation de chacune des banques interrogées à minimiser la défiance dont elle fait l'objet ? Aucunement.

Mais pourquoi, dans ces conditions, avoir écouté ces banques, puisque nous savons qu'elles n'ont structurellement pas intérêt à dire la vérité ? L'action en justice menée actuellement en Grande-Bretagne et sur le continent européen ne permettra peut-être pas de répondre à cette question. Car ce vers quoi elle pointe, c'est une complicité organisée de la part des autorités de marchés elles-mêmes, qui n'ont été trompées que parce qu'elles voulaient bien l'être.

Des banques, nous voilà conduits aux institutions qui les encadrent. Au sein de la zone euro, la plus importante d'entre elles n'est autre que la BCE.

La banque centrale, nouveau *Deus ex machina* ?

Lorsque la crise est devenue obvie au début de l'année 2008, les banques centrales ont presque toutes abaissé leur taux directeur à son plancher, 0 %. L'application naïve de leurs règles de décision (la règle de Taylor, qui recommande de piloter le taux court en fonction d'un objectif d'inflation annuel) eût recommandé de baisser jusqu'à −3, voire −5 % le taux d'intérêt de court terme aux États-Unis. Le plancher d'un taux d'intérêt nul peut-il être franchi ? Aux yeux des financiers, ne pas répondre par la négative relèverait de l'hérésie ou de la folie. Il existe pourtant des monnaies locales dont le taux d'intérêt est négatif[6]. C'est une manière de créer de l'inflation de façon automatique et d'obliger la monnaie à circuler au service du lien social. En 2008, évidemment, la Fed et la BCE n'en sont pas là. Devant l'impasse à laquelle les conduit la politique monétaire traditionnelle, elles recommandent donc d'engager une politique de déficit public afin d'éviter que la machine économique occidentale ne s'abîme dans la récession.

Bien sûr, il y a une réponse « simple » au problème du plancher des taux nuls : « Si nous avions eu un taux d'intérêt court à, disons, 5 % début 2008, il eût été possible de continuer à descendre le taux sans se heurter au plancher fatidique[7]. » Nous nous serions dès lors épargné tout ou partie des coûteuses politiques de relance budgétaire et, peut-être, une partie de la crise des dettes publiques que nous connaissons aujourd'hui. Ce point de vue conclut, en général, qu'il « suffira » de rehausser l'objectif d'inflation des banques centrales de 2,5 à 4 % (par exemple) pour, à l'avenir, maintenir le coussin de sécurité supplémentaire dont nos économies ont besoin en cas de gros temps. Cette position a pour elle de prendre acte, sans le dire, du caractère partiellement arbitraire du niveau d'inflation préconisé par la règle de Taylor. Pourquoi pas 4 ou 6 %, en effet ? Olivier Blanchard, économiste en chef du FMI, s'est fait aussitôt houspiller par l'ensemble des banquiers centraux « sérieux » de la planète pour avoir préconisé 4 % en 2010[8]. On ne remet pas en cause un dogme aussi facilement ! Le motif d'indignation des banquiers centraux ? L'ancrage des anticipations des agents économiques autour d'un taux d'inflation annuel de 4 % serait beaucoup plus difficile qu'un ancrage autour de 2 %. Nous revoilà plongés dans les délices qui font le bonheur d'une partie des économistes : la psychologie rationnelle des foules. La plupart des consommateurs ont-ils, *ex ante*, une conscience aiguë de la différence entre une inflation annuelle de 2 % et une inflation de 4 % ? Probablement pas. De sorte que le débat psycho-économique pourrait bien être sans objet[9].

Quoi qu'il en soit des motifs pour lesquels elle a été rejetée, cette « réponse » (hausser l'objectif d'inflation à 4 %) a pour elle de briser un tabou : l'inflation à 2 %. Elle a contre elle, en revanche, de ne songer nullement à remettre en question la validité de la règle de Taylor mais de vouloir la sauver coûte que coûte. Or nous allons voir qu'une telle entreprise est vouée à l'échec.

Choisir entre la peste et le choléra ?

La *trappe à liquidité* désigne l'impasse où se retrouvent bon nombre d'acteurs économiques lorsque, parce qu'ils sont surendettés, ils ont comme préoccupation première non d'investir ni de consommer, mais de se désendetter ; et pour cela, vendent leurs actifs, ce qui provoque une baisse tendancielle des prix, laquelle accroît le coût réel des dettes... Pendant ce temps, le taux d'intérêt court est nul, les acteurs qui ne sont pas écrasés par les dettes épargnent et attendent des lendemains meilleurs, conscients du fait que le placement de l'argent à taux nul ne rapporte plus rien et que les prix, demain, ne seront pas plus élevés qu'aujourd'hui, voire risquent de baisser (comme c'est le cas aujourd'hui en Grèce et en Espagne). La trappe à liquidité, c'est cette situation paradoxale où les acteurs économiques cessent d'exercer le pouvoir libératoire de la monnaie supplémentaire dont ils disposent. La banque centrale peut bien jeter des tombereaux de liquidités monétaires depuis un hélicoptère : tout se passe comme si les acteurs empruntaient cette monnaie à taux réel nul (sans coût, donc) et la restituaient à la banque centrale (*via* le secteur bancaire privé) sans l'avoir utilisée pour effectuer la moindre transaction, le moindre investissement. Durant les années 1930, deux grands économistes anglo-saxons ont tenté de penser ce piège d'une économie où la monnaie devient superflue parce que l'avenir semble fermé, parce qu'il n'y a plus de projet de société capable de porter l'espérance des hommes et d'entraîner une dépense (sous forme d'investissement ou de consommation). Ce sont John Maynard Keynes et Irving Fisher [10]. Entre le début des années 1990 et 2005, le Japon, qui était pourtant la deuxième économie mondiale, s'est débattu dans une telle trappe à liquidité. Jusqu'à ce jour, il ne s'en est pas remis.

Supposons, à présent, que, pour des raisons bonnes ou mauvaises, une banque centrale décide d'augmenter de manière significative la quantité de monnaie qu'elle injecte dans une économie. Que peut-il advenir en toute généralité ? Il est possible de montrer, dans un cadre parfaitement « orthodoxe » au sens de l'analyse économique *mainstream*, que notre banque centrale fait face au dilemme suivant [11] :

– Ou bien l'économie tombe dans une trappe à liquidité : le taux d'intérêt court atteint son plancher nul, le niveau général des prix stagne, voire diminue ; l'économie sombre dans la léthargie et le chômage augmente. Une partie de la monnaie qui inonde l'économie n'irrigue plus le secteur réel. C'est le scénario japonais.

– Ou bien la monnaie est utilisée par les acteurs économiques pour effectuer les opérations vitales d'investissement et de consommation. L'économie croît mais le niveau des prix croît avec elle. Ce qui n'a rien de surprenant : si la masse monétaire augmente à une vitesse supérieure à la taille du gâteau réel, le niveau général des prix devra augmenter. C'est, disons, le scénario expansionniste qui, rétrospectivement, caractérise les Trente Glorieuses sur les deux rives de l'Atlantique nord.

– Ou bien la monnaie créée par les banques de second rang alimente une bulle du crédit (et donc de l'endettement) qui, tôt ou tard, finira par éclater. L'éclatement de la bulle peut alors provoquer un *krach* financier. C'est ce que vivent les économies occidentales depuis trente ans. Pendant ce temps, les biens de consommation n'ont aucune raison de connaître une inflation significative, hormis ceux qui servent de collatéral (garantie) aux opérations financières : au fur et à mesure que le prix des actifs financiers augmente, en effet, celui des actifs placés en collatéral grimpe également car la valeur intrinsèque d'un collatéral lié à sa consommation se double, désormais, de sa valeur en tant qu'instrument qui permet de s'endetter sur les marchés financiers. La flambée du marché immobilier, accompagnée d'une inflation faible sur les biens de consommation et d'une multiplication des bulles financières, est évidemment le paradigme d'un tel phénomène.

Est-ce bien tout ? Oui. On peut démontrer qu'il n'y a pas d'autre issue que l'un de ces trois régimes. À moins, bien sûr, que la banque centrale ne renonce à augmenter la quantité de monnaie qu'elle crée. Ce choix n'a quasiment jamais été fait depuis plus de vingt ans. Et il est très peu vraisemblable qu'une banque centrale s'engage sur la voie de la contraction monétaire durant la décennie qui vient, compte tenu des risques de récession majeure et de faillites bancaires que comporterait pareille politique. C'est la raison pour laquelle, après avoir envisagé de mettre fin aux facilités inédites qu'elle a accordées aux banques et à l'État fédéral depuis 2008, la Fed s'est finalement ravisée à la fin de l'été 2013 : elle continuera à inonder le marché interbancaire de liquidité et à racheter la dette américaine. C'est pour la même raison que le LTRO2 (*Long Term Refinancing Operation*), initié par la Banque centrale européenne et lancé le 29 février 2012 en vue d'accorder aux banques des prêts longs à taux presque nul, sera reconduit : comme c'était à prévoir, beaucoup de grandes banques européennes sont bien incapables de rembourser les prêts qu'elles ont contractés auprès de la BCE, en dépit du taux insignifiant qui leur est demandé (0,75 %). On peut donc d'ores et déjà parier que la BCE consentira un nouveau LTRO pour aider à rembourser le précédent. Le lecteur qui aura suivi avec attention la description de la pyramide de Ponzi sous-jacente à la crise des *subprimes* à laquelle nous avons consacré le premier chapitre de ce livre n'aura aucune difficulté à reconnaître, ici, une nouvelle pyramide...

Bien entendu, ces trois scénarios peuvent se combiner : le Japon a très probablement connu le scénario expansionniste avant d'être pris dans le manège du scénario des krachs, pour finir piégé dans celui de la trappe. C'est le « parcours » qui guette vraisemblablement l'économie européenne. Ainsi, le taux directeur de la BCE est déjà très proche du plancher (0,25 % à l'automne 2013), tandis qu'un certain nombre de régions de la zone voient leur niveau général des prix à la consommation s'effondrer. C'est le cas, en particulier, de la Grèce, comme le montre le graphique 6 :

Graphique 6. L'inflation, en glissement annuel

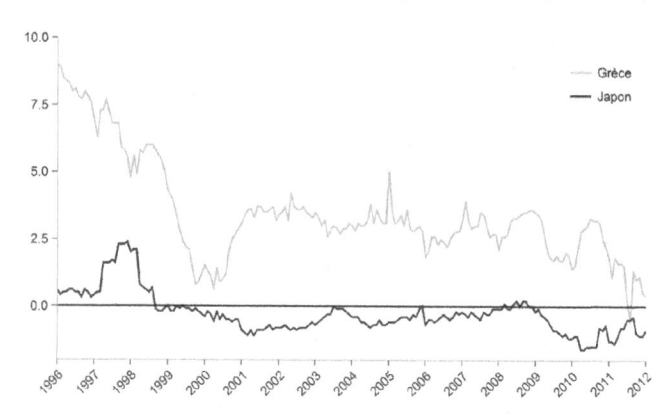

Sources : Eurostat, ministères des Affaires intérieures et des Communications – Japon

Le Japon voit ses prix diminuer depuis la mi-1999, son taux d'intérêt directeur est à 0 et la croissance refuse de « revenir » en dépit des plans de relance herculéens tentés en pure perte par les gouvernements qui se sont succédé au gouvernail de l'économie nippone. En Grèce, tandis que l'entrée dans la zone euro (2001) n'a pas permis, en réalité, de juguler l'inflation en dessous de 2,5 %

par an, depuis la mi-2010, le niveau général des prix s'y est affaissé pour rejoindre les taux japonais.

Le graphique 7 permet de vérifier que la pente qui conduit les pays du Sud de l'Europe vers la récession est glissante.

Graphique 7. Taux de croissance du PIB réel, en glissement annuel

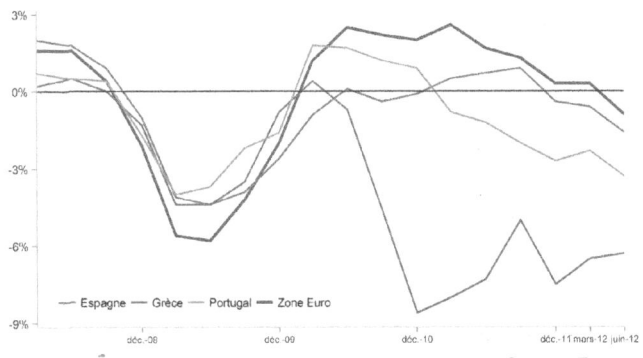

Source : Eurostat

Deux enseignements, au moins, sont à tirer de ce dilemme monétaire. *Primo*, le scénario expansionniste rompt avec la représentation classique du métier de banquier central, supposé, depuis vingt ans, lutter avec acharnement contre tout frémissement inflationniste. *C'est la création monétaire qui rend possible la croissance économique, éventuellement au prix de l'inflation.* Vouloir lutter contre cette dernière à tout prix ne peut, *in fine*, que faire obstacle à la croissance. *Secundo*, et surtout, même le scénario expansionniste, le moins défavorable des trois, est désormais probablement hors d'atteinte de nos économies occidentales. Pourquoi ? À cause de la contrainte énergétique. S'il est exact que la croissance mondiale du dernier demi-siècle provient, pour les deux tiers, de la seule augmentation de la consommation d'énergie fossile par habitant, alors, ne rêvons plus : elle ne reviendra pas, quelles que soient les politiques budgétaire et monétaire mises en œuvre [12]. À moins... que nous ne nous engagions résolument dans la transition écologique qui, seule, peut permettre à nos économies de retrouver un nouveau « chemin » de croissance [13], qui ne soit plus fondé majoritairement sur la consommation d'énergies fossiles. Hors de ce chemin, nous sommes sans doute condamnés à une croissance atone, incompatible avec le scénario expansionniste. Si, de surcroît, nous ne réglementons pas les marchés financiers de manière à y réduire massivement l'effet du levier, le troisième scénario des krachs à répétition restera le plus vraisemblable car le plus attractif, à très court terme, pour une toute petite minorité d'investisseurs. Lesquels krachs promettent, tôt ou tard, de faire sombrer l'économie occidentale dans une trappe, si nous ne sommes pas déjà sur le point de nous y engager.

L'indépendance en question

L'une des caractéristiques des « révolutions conservatrices » entamées sous les dictatures Pinochet et Soeharto durant les années 1970, puis poursuivies en Grande-Bretagne et aux États-Unis durant la décennie suivante, c'est d'être parvenues à installer dans beaucoup d'esprits l'idée que les banques centrales doivent à tout prix être indépendantes du pouvoir politique. L'argument est simple : s'assurer que les banques centrales émettront précisément la quantité de monnaie idoine, c'est les sauvegarder des horribles tentations qui assaillent périodiquement le personnel politique de nos démocraties. Celui-ci n'est-il pas pris d'une hystérie démagogique, à l'approche des échéances électorales, qui lui fait accorder des cadeaux somptuaires à sa clientèle politique ? Ne serait-il pas inévitablement tenté d'utiliser la planche à billets pour financer tel ou tel cadeau ?

Jusque dans les années 1970, quasiment *aucune* banque centrale n'était indépendante de ses institutions étatiques de rattachement [14]. Et aujourd'hui encore, la BCE est la seule banque centrale au monde à revendiquer aussi formellement, et avec tant d'insistance, son indépendance à l'égard du pouvoir politique. Cela lui est d'autant plus facile qu'elle n'a pas, en face d'elle, de véritable gouvernement politique européen jouissant d'une légitimité démocratique indiscutable. Vers qui se tournerait-elle ? Le Parlement européen ? Il n'a pas de pouvoir exécutif. La Commission ? Elle n'est pas élue... Ce qui permet à la BCE, en retour, d'assumer une énorme responsabilité publique – le maniement de la monnaie européenne et même, depuis le sommet de Bruxelles de juillet 2012, la supervision du secteur bancaire européen – *en dehors de tout mandat démocratique.* Quel citoyen a été consulté pour la nomination de M. Mario Draghi à la succession de Jean-Claude Trichet ? Ce financier italien, ancien cadre dirigeant de Goldman Sachs, travaillait pour la banque new-yorkaise à l'époque précise où celle-ci aida Athènes à falsifier ses comptes publics afin de donner l'illusion que la Grèce vérifiait les critères de Maastricht en 2001. Est-il légitime pour occuper le poste de président de la banque centrale de l'euro ? Il n'est pas certain, en tout cas, que cet homme-là eût recueilli beaucoup de suffrages de la part de la société civile européenne si sa nomination avait été soumise à une délibération démocratique.

L'indépendance de la banque centrale trouve en partie ses racines dans l'hyperinflation des années 1920 et sa relecture par Milton Friedman. Dans une grosse monographie, toujours discutée aujourd'hui [15], l'économiste nord-américain prétend, en effet, que l'essentiel des causes de l'hyperinflation allemande et de la Grande Dépression des années 1930 trouve son origine dans des erreurs graves de politique monétaire : durant la première décennie, un excès de création monétaire ; durant la seconde, une politique monétaire trop restrictive. D'abord, un trop-plein de monnaie qui dévalue celle-ci et fait s'envoler les prix, puis un manque de liquidité qui aurait interdit toute reprise économique sérieuse avant la Seconde Guerre mondiale [16]. Cette thèse se trouve à l'origine de l'attitude adoptée par la Fed depuis la nomination de Ben S. Bernanke à sa tête, en 2006. En effet, Bernanke est lui-même un universitaire qui a travaillé sur la politique monétaire de l'entre-deux-guerres, et a fini par adopter le point de vue friedmanien. La politique monétaire « expansionniste » de la Fed depuis 2008 trouve là son explication : Bernanke craint avant tout une réédition de l'erreur des années 1930 et le glissement de l'économie occidentale dans une trappe à liquidité.

Bien sûr, l'inflation à deux chiffres provoquée dans la plupart des pays de l'OCDE par les deux chocs pétroliers, accompagnée, fait nouveau, d'une stagnation de l'activité économique, a largement contribué à donner du crédit à la thèse de Friedman. Cette « stagflation » était, en effet, inexplicable à l'intérieur du cadre conceptuel hérité du keynésianisme d'après-guerre [17]. Émergea alors l'idée que, tout comme durant l'entre-deux-guerres, la forte inflation des années 1970 était due à des erreurs de politique monétaire. Sans que l'on disposât, d'ailleurs, d'un diagnostic très convaincant de ces « erreurs », ni que l'on sût, au juste, ce qu'il eût « fallu faire », un consensus s'établit, aussi bien au sein des universités que dans les cabinets ministériels, autour de l'idée qu'il vaut mieux que le politique délègue à la banque centrale le mandat exclusif de lutter contre l'inflation. Ce qui suppose d'accorder à cette dernière une indépendance à l'égard du politique. En France, c'est en 1973 que Valéry Giscard d'Estaing contribua de manière décisive à mettre fin aux avances au Trésor accordées à taux nul par la Banque de France. Plus précisément, l'article 19 de la loi du 4 janvier 1973 stipule que *« Les conditions dans lesquelles l'État peut obtenir de la Banque des avances et des prêts sont fixées par des conventions passées entre le ministre de l'Économie et des Finances et le gouverneur, autorisé par délibération du conseil général. Ces conventions doivent être approuvées par le Parlement. »* Le fait est que, depuis lors, le gouverneur de la Banque de France et le ministre de l'Économie se sont très rarement mis d'accord. Désormais, l'État français devrait se refinancer auprès des marchés financiers, là où il se finançait autrefois auprès de la Banque de France. En l'absence de cette loi et de la réticence délibérée des gouvernements successifs à l'exploiter dans un sens défavorable aux marchés (mais favorable aux contribuables!) en demandant au Parlement d'approuver une pratique qui permit le financement de l'État pendant les Trente Glorieuses, la France n'aurait pas eu d'intérêts à payer sur sa dette publique. Celle-ci serait aujourd'hui inférieure à 30 % de son PIB...

Une question mérite d'être posée au sujet des « tentations » dont serait victime notre personnel politique à l'approche des élections : croit-on que d'avoir rendu la BCE indépendante les a fait disparaître ? Il est vrai que les gouvernements ne peuvent plus pratiquer de politique budgétaire de relance s'ils ne sont pas « accompagnés » par une politique monétaire accommodante de la part de leur banque centrale. En revanche, réduire les impôts des hauts revenus reste tout à fait licite, puisque cela ne regarde aucunement la BCE. Son indépendance n'a nullement contrarié la succession des cadeaux électoraux qui, de suppression d'impôts en niches fiscales, ont permis à l'État français, entre 2000 et 2008, de renoncer à plus de 70 milliards d'euros de recettes fiscales annuelles.

La crédibilité des banques centrales

Comment, d'ailleurs, la banque centrale garantit-elle qu'elle ne succombera, elle-même, à aucune tentation ? Beaucoup d'économistes estiment que le défi principal des banques centrales est de se montrer *crédibles* aux yeux des marchés. Pourquoi ? Parce que, de cette manière, lorsqu'elles annonceront un certain niveau d'inflation, les marchés sauront qu'elles disent vrai (ou, du moins, qu'elles disent ce qu'elles pensent) et ne surréagiront pas à cette annonce. De cette manière, pense-t-on, le « biais inflationniste » auquel les pauvres gouvernements politiques sont condamnés disparaît : là où aucun gouvernement ne peut espérer être crédible (parce que chacun soupçonne qu'il préférera trahir ses promesses et faire des cadeaux plutôt que risquer de perdre les élections), les banquiers centraux, eux, peuvent l'être.

Deux paradoxes méritent d'être soulignés. Le premier, c'est que, depuis le milieu des années 1990 au moins, la plupart des banques centrales ont mené l'exact inverse d'une politique monétaire « conservatrice » ! Avec un taux de croissance annuel moyen de 15 % de la base monétaire mondiale (30 % depuis 2008), il eût été difficile de se montrer plus expansionniste que ne l'ont été la

Fed, la BCE ou la Banque du Japon depuis plus de quinze ans [18]. Comme le montre le graphique 8, l'explosion de la création monétaire par les banques centrales ne date pas d'hier même si son accélération depuis 2008 est inouïe.

Graphique 8. Croissance de la monnaie Banque centrale 1999-2012

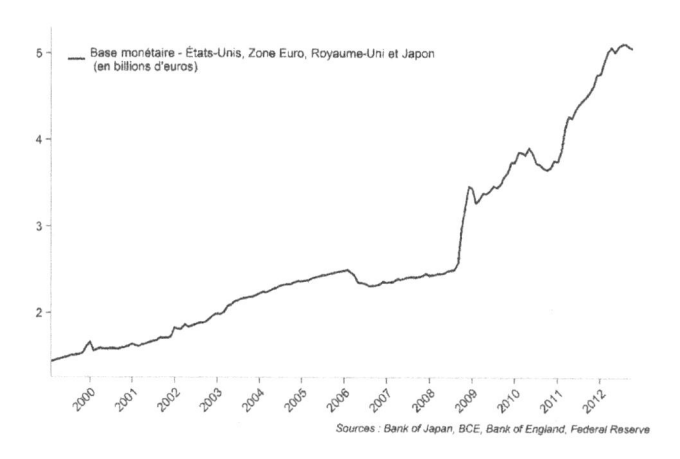

Sources : Bank of Japan, BCE, Bank of England, Federal Reserve

Le second paradoxe est que l'argument lui-même de la crédibilité prêterait à sourire, n'était la gravité du sujet. Souvenons-nous, en effet, de la parabole des taches solaires (cf. chap. 2) : on voudrait qu'une institution quelconque – la banque centrale, par exemple – soit « crédible » au sens où chaque investisseur, en l'écoutant, se persuaderait qu'elle dit vrai ? Les acteurs financiers ne « croiront » ce que dit un banquier central *que* s'ils pensent que tous leurs collègues sont persuadés qu'il dit vrai. Ce qui est parfaitement compatible avec le fait que le banquier central fasse l'exact contraire de ce qu'il annonce (pourvu que la plupart des investisseurs croient que leurs coreligionnaires sont dupes). La question de la crédibilité vis-à-vis des marchés financiers n'a donc pas grand-chose à voir avec le régime de la vérité ou une quelconque cohérence entre paroles et actes mais, répétons-le, avec celui des taches solaires.

Et de trois

Comment, alors, les banquiers centraux peuvent-ils s'assurer que tout le monde croira qu'ils disent vrai ? Il n'y a aucun moyen de s'en assurer. La structure perverse dont nous disions qu'elle est inhérente à la prise de parole publique des banquiers s'étend malheureusement aux banquiers centraux eux-mêmes. Non point au sens, relativement trivial, où ils auraient toujours intérêt à dire qu'il fait beau même quand il pleut à verse. Mais au sens, cette fois, où, par définition, ils ne peuvent jamais prétendre dire le vrai : seulement ce que la foule des salles des marchés tient pour vrai (ce qui est très différent).

Plus généralement encore, en mettant bout à bout le phénomène de la double noyade européenne (cf. chap. 2), des taches solaires et de l'urne transparente des marchés financiers (cf. chap. 3) avec celui du « mensonge structurel » des banques, on comprend que la puissance acquise par la sphère financière au sein des économies occidentales contraigne leurs *autorités politiques* elles-mêmes à entrer dans le cercle d'un « machiavélisme obligé » : dès lors qu'une banque pèse aussi lourd qu'un État, l'impossibilité pratique de cette banque à dire la vérité sur son bilan de santé déteint sur l'État lui-même : comment le pouvoir politique osera-t-il rendre publique une information qui, en provoquant la chute du secteur bancaire, induirait son propre suicide ? Comment peut-il résister au chantage de banques qui lui murmurent : « Vous voulez nous tuer ? Vous mourrez avec nous... » ? Au « vote » implicite des marchés financiers qui, en sanctionnant un pays ou une banque, peuvent détruire et l'un et l'autre (par exemple *via* des CDS) ?

La puissance de conviction du très intense *lobbying* effectué par le secteur bancaire à l'égard des instances politiques trouve là une partie de son origine. Ainsi le Crédit agricole s'est-il associé avec la Royal Bank of Scotland et Goldman Sachs au sein de l'ISDA (International Swaps and Derivatives Association) pour proposer aux élus européens des projets de loi prêts à servir que lesdits édiles n'ont plus qu'à signer... On comprend également pourquoi les autorités de surveillance bancaire britanniques ont été si peu regardantes sur les déclarations des banques destinées à fixer le LIBOR. Pourquoi si peu de politiques français ont dénoncé les approximations des banques sur le coût réel des pertes de la Société générale, de Natixis et de Dexia. Pourquoi la Commission européenne n'a pas protesté lorsque l'IASB, l'institut privé londonien en charge de l'édiction des normes comptables internationales, a imaginé un régime d'exception comptable pour les banques, fin 2008, les autorisant à ne plus enregistrer dans leur bilan les pertes induites par les actifs *subprime*. Pourquoi la BCE continue d'organiser des tests de résistance bancaire aux risques extrêmes dont tout le monde sait qu'ils évitent soigneusement de tester les zones fragiles des banques (en témoigne la faillite du secteur irlandais en 2010)...

Encore une fois, ce piège du mensonge *structurel* dans lequel sont enfermés les banques et, désormais, la plupart des États de la zone euro, n'a rien à voir avec la vertu personnelle de tel ou tel édile. C'est avant tout un problème de théorie des jeux. Nous verrons d'ailleurs qu'il est possible d'en sortir. La BCE, quant à elle, est confrontée à une difficulté supplémentaire. Ses capitaux propres sont d'un montant relativement modeste, moins de 100 milliards d'euros. Si plusieurs pays de la zone euro devaient accuser un défaut sévère sur leur dette publique – la Grèce et l'Espagne, par exemple –, elle pourrait essuyer une perte supérieure à ses fonds propres dans la mesure où, depuis 2010, elle s'est employée à racheter les titres de dette publique que détenaient les banques privées. Il en va de même des banques centrales nationales. Ainsi, dans la mesure où la restructuration de novembre 2012 est largement insuffisante, le prochain défaut grec pourrait-il coûter entre 70 et 100 milliards d'euros au système européen des banques centrales (la BCE et les banques centrales nationales). D'après les traités européens, si une telle situation se présentait, ce serait aux États de recapitaliser la BCE et leurs banques centrales nationales. Ce qui signifie que ce sont bien les contribuables européens qui devront *in fine* acquitter la facture de la crise et que, en outre, les défauts souverains du Sud de l'Europe feront grossir les dettes publiques des pays du « centre » de la zone euro. Néanmoins, la BCE ne pourra jamais dire, elle non plus, qu'elle craint le pire car, alors, elle précipiterait ce scénario catastrophe : les investisseurs, anticipant que ni l'Allemagne ni la France ne seront épargnées par les restructurations du Sud européen, exigeraient derechef des taux plus élevés pour continuer de leur prêter, risquant de faire advenir ce que tout le monde craint – la contamination de la crise des dettes jusqu'au cœur de la zone euro. S'ensuivrait vraisemblablement un effondrement de l'euro dont la BCE, en tant que gardienne de cette devise, ne peut pas davantage oser prendre le risque. La double noyade européenne est donc triple, finalement, puisqu'elle met en jeu les banques privées, les États *et* la BCE.

Alors, que faire ? À court terme, mettre fin aux plans d'ajustement structurels, aussi destructeurs qu'inutiles, négocier la restructuration des dettes publiques d'une bonne part des pays de la zone euro, en commençant par ceux qui subissent déjà l'effet boule de neige. À moyen terme, abandonner l'impératif absurde de crédibilité des banques centrales et replacer la direction de la banque centrale sous une autorité politique démocratique qui aura des comptes à rendre auprès de ses citoyens. Renoncer à la règle de Taylor et reprendre à frais nouveaux, au sein d'un débat public, le chantier des objectifs que nous, Européens, souhaitons assigner à notre politique monétaire. Parmi ces objectifs, on aura compris que le financement de la transition écologique devrait être prioritaire. On s'en doute, ce débat exigera d'en venir au chapitre controversé de la construction d'une Europe fédérale. L'hypothèse que l'on voudrait proposer, dans ce qui suit, est que l'élaboration d'une Europe de biens *communs* est de nature à honorer l'aspiration démocratique des Européens, à favoriser une gouvernance efficace de la transition écologique et à remédier aux vices structurels qui entachent la vie d'une société bâtie tout entière sur les marchés financiers.

Notes

1. Il s'agit d'un problème classique de théorie des jeux, cf. R. Aumann (1990) : « Nash equilibria are not self-enforcing », chap. 34, in J. Gabszewicz, J.-F. Richard et L. Wolsey, *Economic Decision Making : Games, Econometrics, and Optimization*, Elsevier Science Publishers.
2. Michel Albert, *Capitalisme contre capitalisme,* Paris, Le Seuil, 1991. Voir aussi Bruno Amable, *Les Cinq Capitalismes. Diversité des systèmes*

économiques et sociaux dans la mondialisation, Paris, Le Seuil, coll. Économie humaine, 2005.

3. Cf. http://www.marianne.net/La-BNP-les-doigts-dans-le-pot-de-confiture-fiscale_a220652.html (page consultée en novembre 2013).

4. http://ccfd-terresolidaire.org/IMG/pdf/banquesetpfbassedef.pdf (page consultée en novembre 2013).

5. Cf. le *Wall Street Journal* du 16 avril 2008.

6. Cf. Bernard Lietaer et Margrit Kennedy, *Monnaies régionales. De nouvelles voies vers une prospérité durable*, Paris, Éditions Charles Léopold Mayer, 2008.

7. Williams, 2009.

8. Cf. Olivier Blanchard, Giovanni Dell'Ariccia et Paolo Mauro, « Rethinking Macroeconomic Policy », VoxEU.org, 16 février 2010.

9. Ce débat s'inscrit dans la tradition psychologisante introduite en économie à la fin du XIXe siècle.

10. Surtout Fisher, cf. « The Debt-Deflation Theory of Great Depressions », *Econometrica*, vol. 1, octobre 1933, p. 337-357.

11. Cf. Gaël Giraud et Antonin Pottier, « Financial Crashes versus Liquidity Trap: The Dilemma of Nonconventional Monetary Policy », document de travail du Centre d'économie de la Sorbonne et du CIRED, 2012.

12. Cf. Gaël Giraud et Cécile Renouard, *Le Facteur 12, op. cit.*, chap. 4 et « L'équation de Kaya ».

13. Mais est-ce encore de la croissance au sens traditionnel de l'augmentation du PIB ? Peu importe : il nous faudra, en cours de route, changer d'indicateur et nous sevrer de la « mystique de la croissance ». *Cf.* Dominique Méda, *La Mystique de la croissance, comment s'en libérer*, Paris, Flammarion, 2013.

14. La banque centrale d'Angleterre est devenue indépendante en 1997, « grâce » à Anthony Blair.

15. Milton Friedman et Anna Jacobson Schwartz, *A Monetary History of the United States: 1867-1960*, Princeton, Princeton University Press, 1971.

16. Pour un point de vue beaucoup plus approfondi, cf. Pierre-Cyrille Hautcœur, *La Crise de 1929*, Paris, La Découverte, 2009.

17. Elle est parfaitement explicable au sein du cadre proposé in Gaël Giraud et Antonin Pottier, *op. cit.*

18. Sur le paradoxe de la Grande Modération de l'inflation, cf. Gaël Giraud et Cécile Renouard, *Le Facteur 12, op. cit.*

Chapitre 7

VERS UNE SOCIÉTÉ DE BIENS COMMUNS

La transition écologique (cf. chap. 4) est une « bonne nouvelle ». Elle peut constituer, au moins jusqu'à la fin de ce siècle, le véritable projet collectif qui manque si cruellement à nos sociétés financiarisées. Beaucoup de choix sont à faire le long de ce chemin vers une économie postcarbone. Si nous voyons à peu près comment opérer le premier volet de ce projet (la rénovation thermique), la suite demandera que les acteurs concernés s'assoient autour de la table et apprennent à négocier. Car les prix de marchés, nous le savons, ne fourniront pas les indicateurs pertinents pour faire les bons choix tant que la finance dérégulée imposera ses taches solaires à l'ensemble de nos économies. En outre, la transition exige que nous construisions vraiment cette Europe confédérale sans laquelle tout le monde a déjà compris que la zone euro actuelle ne pourra pas survivre. La table des négociations sera donc très vite européenne. Quel cadre politique pourra guider nos choix ?

De la propriété privée aux communs

La Richesse des nations, publiée en 1776 par le philosophe écossais Adam Smith, constitue l'un des actes intellectuels fondateurs de la modernité économique libérale. La « main invisible » y est postulée comme mécanisme d'autorégulation induit par la rencontre d'une offre et d'une demande sur des marchés décentralisés. Nous avons vu au chapitre 3 ce qu'il convient de penser de ce mécanisme autorégulateur censé promettre la prospérité et une allocation efficace des ressources. Comme le fait remarquer à juste titre le philosophe américain Marvin T. Brown [1], il y a cependant un point aveugle dans l'œuvre de Smith, qui va au-delà d'une foi naïve dans l'efficacité intrinsèque des marchés. Cet impensé, c'est l'esclavage. Le principal exemple de commerce international qui tient lieu d'étape inaugurale à la « première mondialisation » dont Smith est le spectateur admiratif, c'est le commerce triangulaire entre l'Europe, les côtes d'Afrique de l'Ouest et l'Amérique. La source principale de l'enrichissement des marchands de Glasgow chez qui le professeur Smith vient apprendre l'essentiel de ce qu'il sait en économie, c'est l'esclavage africain. Autrement dit, la « main invisible » est une main de couleur noire, restée invisible aux yeux de l'analyste « éclairé » que fut Smith [2].

Or ce qui distingue un esclave d'un salarié, c'est d'être la *propriété* de son maître. À telle enseigne qu'à la fin du XVIIIe siècle, les esclaves pouvaient servir de garantie aux emprunts contractés par leurs maîtres. Pratique barbare ? Le commerce international de la prostitution est, aujourd'hui, le troisième marché mondial illégal, derrière celui des armes et de la drogue...

Que le capitalisme financiarisé soit tenté de privatiser le travail, de le transformer en une marchandise dont quelques-uns pourraient devenir propriétaires, avait été reconnu depuis longtemps, notamment par l'économiste hongrois Karl Polanyi [3]. Polanyi, à juste titre, identifiait trois types de biens dont nous devrions renoncer à faire des marchandises relevant de la propriété privée : le travail, la terre et la monnaie. Cette affirmation a été souvent lue comme signifiant que ces biens devaient être considérés comme des biens *publics*. Ce qui, en général, conduit à la conclusion qu'il conviendrait de nationaliser la terre, les entreprises et le crédit. Je voudrais suggérer, ici, qu'une autre interprétation de la critique de Polanyi est possible, qui fait intervenir non plus la catégorie des biens publics comme substituts aux biens privés, mais celle des *communs*. Une catégorie qui traverse l'ensemble de l'œuvre d'Elinor Ostrom [4], et dont nous avons à inventer, aujourd'hui, les conséquences institutionnelles – lesquelles ne se réduisent ni à la privatisation ni à la nationalisation. Les déboires actuels de la zone euro ne pourraient-ils pas se lire comme provenant du fait que nous sommes enfermés dans une partition public/privé qui ne permet pas de gouverner les biens que nous avons en commun ?

Sont considérés comme privés les biens exclusifs et rivaux – à la manière d'une brique de jus d'orange achetée dans un supermarché. Un bien est dit *exclusif* lorsque son détenteur ou son producteur peut en empêcher l'accès à toute autre personne par l'exercice du droit de propriété. Il est *rival* lorsque son utilisation exclut toute consommation par une autre personne. Un bien non exclusif ne peut être réservé par son détenteur aux élus de son choix : l'oxygène, par exemple. Et un bien non rival est un bien ou un service qui peut être consommé ou utilisé par un grand nombre de personnes sans coût supplémentaire – l'éclairage public. Un bien n'est pas public ou privé seulement en fonction de ses qualités intrinsèques mais par une décision politique de la collectivité. L'éducation primaire était, durant l'Ancien Régime, un bien privé ; en France, elle est devenue un bien public sous la Troisième République.

De manière significative, les documents fondateurs de l'Union européenne n'utilisent jamais le lexique des biens publics, ni celui des services publics. Ils préfèrent employer le vocabulaire du « service d'intérêt général » ou du « service économique d'intérêt général », ce qui laisse la place pour une production privée sous la contrainte d'un cahier des charges fixé par des autorités (publiques) européennes. C'est très précisément dans l'interstice de cette nuance que peut s'ouvrir une brèche susceptible de nous sortir de l'impasse.

À côté des biens purement privés (rivaux et exclusifs) et des biens purement publics (non rivaux et non exclusifs), on rencontre des biens hybrides, à la fois exclusifs et non rivaux, comme les ponts et les autoroutes sur lesquels on peut établir des péages, ou encore des clubs, des spectacles artistiques ou sportifs payants mais dont la consommation individuelle n'est pas diminuée par celle des autres spectateurs, au moins en première approximation. Enfin, on rencontre des biens qui sont à la fois non exclusifs et rivaux, comme des zones de pêche, des pâturages, des systèmes d'irrigation, c'est-à-dire des biens dont on peut difficilement interdire ou restreindre l'accès, mais qui sont susceptibles de faire l'objet d'une appropriation et d'une exploitation individuelles. Ce sont ces biens qu'Elinor Ostrom a désignés comme des « ressources communes » (*common-pool resources*).

La tragédie des communs

Parmi les ressources communes, on trouve quasiment tous les « biens naturels » aujourd'hui menacés, comme l'environnement, l'eau, les forêts, les surfaces cultivables. Les énergies fossiles constituent, elles aussi, un vaste réservoir de ressources qui, pour l'instant, font l'objet d'un accaparement privé *mais dont nous pourrions décider de faire des ressources communes.* Un débat s'est engagé, en effet, autour d'un article de Garrett Hardin qui, en 1968, dans « La tragédie des communs », avait cru pouvoir montrer, à partir de considérations sur la surpopulation, que les terres communales anglaises, avant même le mouvement des enclosures [5], avaient été détruites par la surexploitation à laquelle elles furent soumises par des paysans mus par leur seul intérêt, considérés comme des « resquilleurs » ou des « passagers clandestins ». *« La liberté au sein d'un bien commun conduit tout le monde à la ruine »* concluait Hardin. Paradoxalement, beaucoup ont pris appui sur cet argument pour plaider en faveur de la propriété privée et contre l'inefficacité de la gestion collective en général. L'échec des services publics et des systèmes de protection sociale tiendrait au fait qu'ils sont pris en otage par les passagers clandestins, et autres braconniers, qui jouissent gratuitement de leurs avantages (puisque ce sont des biens non exclusifs) mais sans payer leur écot. Et qui ne veulent surtout pas révéler l'usage dissimulé qu'ils en font pour ne pas avoir à en assumer le coût [6]. Reste que l'article d'Hardin a réintroduit la dimension des communs dans la discussion théorique, tout en négligeant totalement l'existence de règles coutumières collectives comme condition de leur usage.

Depuis lors, nous avons appris que la gestion publique est certes inefficace pour gérer une ressource commune par la faute des resquilleurs (à qui il est coûteux d'interdire l'accès au commun), mais que la gestion purement privée d'un commun l'est tout autant. Tout simplement parce que l'externalité exercée par l'usage individuel du commun n'est pas reflétée par le prix d'équilibre concurrentiel susceptible de s'établir sur un éventuel marché du commun. C'est très exactement ce que l'on observe aujourd'hui : la privatisation des fonds marins induit une surexploitation de la faune piscicole. Ce qui a été dit, au chapitre 3, à propos de l'inefficacité profonde des marchés financiers peut se réinterpréter dans ce cadre : en se débarrassant d'un risque (pour le transférer sur les épaules d'un autre), un investisseur exerce une externalité sur l'ensemble du marché qui n'est pas prise en compte par le prix des actifs.

En second lieu, les travaux empiriques de Elinor Ostrom[7] et de Charlotte Hess montrent que les communs ne sont pas des « biens » au sens matériel du terme, mais plutôt des systèmes de règles régissant des actions collectives, des modes d'existence et d'activité de communautés. Mieux encore : la pérennité de certains communaux agricoles en Suisse ou au Japon, ou de certains systèmes d'irrigation en Espagne ou aux Philippines, montre que des communautés humaines sont tout à fait capables de mettre au point des règles collectives d'engagement, d'utilisation et de surveillance efficaces et pérennes. Ne serait-ce pas exactement ce dont nous avons besoin pour l'Europe ? La question se pose tout spécialement dans le contexte de la transition écologique. Il est assez clair que l'environnement, l'accès à l'eau potable et à l'énergie devraient pouvoir être considérés comme des biens communs. Mais la liste est loin de s'arrêter là. Qu'est-ce, en effet, qu'un réseau ferré, sinon un commun ? Un parc immobilier dont l'isolation thermique aura été rénovée, sinon un commun ? Car les occupants actuels des bâtiments rénovés ne seront pas les seuls à bénéficier de la moindre pollution et de la réduction de consommation d'énergie : ceux qui leur succéderont en bénéficieront aussi, sans y avoir eux-mêmes contribué.

La liquidité et le crédit comme biens communs

Deux qualités, au moins, caractérisent la monnaie : d'une part, son pouvoir libératoire qui m'autorise à acheter n'importe quoi n'importe quand ; de l'autre, la possibilité d'emprunter à l'avance de la monnaie sur la foi d'une promesse de richesse que je n'ai pas encore. La première qualité s'identifie à la liquidité ; la seconde au crédit. L'hypothèse que l'on voudrait soumettre à débat, ici, est la suivante : la liquidité et le crédit devraient être organisés à la manière de communs. (On aura compris que prétendre qu'il s'agirait intrinsèquement de communs n'a pas de sens : la monnaie ne peut devenir un commun qu'au terme d'une décision politique.) En effet, compte tenu du fait que toute transaction marchande s'effectue aujourd'hui par la médiation monétaire, aucun citoyen ne devrait être exclu de l'accès à la monnaie. En d'autres termes, la liquidité monétaire devrait être un bien non exclusif. En revanche, il s'agit d'un bien rival dans la mesure où l'appropriation privée de la liquidité par les uns peut nuire à l'accès des autres à cette même liquidité.

En quoi avons-nous autorisé une appropriation privée de la liquidité en Europe ? Notamment, à travers le développement d'instruments dérivés dont la liquidité de certains actifs constitue le sous-jacent [8] (cf. chap. 3). Ces instruments permettent à un investisseur de se couvrir contre le risque d'illiquidité d'un actif, c'est-à-dire contre le risque qu'il ne puisse pas vendre suffisamment vite ledit actif le jour où il en a besoin. On répondra peut-être qu'il s'agit d'instruments de couverture bien légitimes. Redisons-le (cf. chap. 3) : que la gestion de tels actifs soit éventuellement profitable à leurs propriétaires ne signifie *aucunement* qu'elle soit socialement profitable. Plus généralement, en dérégulant les marchés financiers, nous avons autorisé leurs intervenants à y entrer et à s'en extraire sans aucun engagement de leur part, menaçant la liquidité des marchés à tout instant. C'est précisément en cela que la liquidité est un commun, à la manière d'une zone de pêche. Pêcher des poissons (ou s'abstenir d'en pêcher) est, certes, profitable pour le pêcheur, mais ne l'est pas pour la communauté si cela ne contribue pas à maintenir un bon équilibre au sein de la faune qui peuple la zone maritime.

Quand l'appropriation privée de la liquidité se révèle-t-elle au grand jour? Pendant les krachs boursiers, par exemple. C'est durant ces périodes de panique où tous les intervenants tentent de vendre leurs actifs que les acteurs financiers supposés assurer la « liquidité » des marchés par leurs opérations quotidiennes, les *market makers*, se retirent pour ne pas avoir à essuyer les pertes induites par l'effondrement des cours. On assiste alors à l'assèchement des marchés : tout le monde se retrouve privé de ce commun qu'est la liquidité. Ceux qui étaient censés la garantir ne remplissent pas leur fonction parce qu'elle devient contradictoire avec leur intérêt privé. Tandis que ceux qui ont acheté de la « couverture » contre le risque de liquidité peuvent fort bien en tirer des bénéfices. Un autre exemple est fourni par le marché interbancaire où, depuis 2008, les banques, hantées par la crainte de prêter à une concurrente insolvable (parce qu'elles savent que leurs bilans de bonne santé sont mensongers, cf. chap. 6), refusent de se livrer entre elles aux prêts mutuels sans lesquels leur activité quotidienne devient impossible. C'est donc la

BCE qui s'est livrée de bonne grâce à la tâche de devoir assurer la liquidité du marché interbancaire.

La privatisation de la monnaie

On peut relire la construction européenne comme une vaste tentative pour *privatiser* l'accès au crédit : d'abord en décidant de l'indépendance de la banque centrale, qui permet de la tenir à l'écart des autorités en charge du bien public ; ensuite, en laissant le pouvoir de création monétaire aux banques commerciales (cf. chap. 5) (tout en aménageant les règles de contrôle de ce pouvoir de telle sorte qu'il leur soit assez facile de contourner ces règles) et en laissant se développer des marchés dérégulés ; enfin, en inscrivant une inflation supérieure à 2 % par an au rang de premier fléau, dont le combat est supposé primer sur toute autre considération.

En quoi la phobie anti-inflationniste relève-t-elle de la privatisation du crédit ? Pour lutter contre l'inflation, la plupart des banques centrales agissent sur leur taux directeur, qui pilote le taux d'intérêt auquel les banques commerciales prêteront. La phobie anti-inflationniste influence donc directement l'octroi de crédit. Revenons à l'argument qui légitime cette phobie : l'inflation nuit essentiellement aux détenteurs d'actifs nominaux (les « rentiers »). Or, assure-t-on, il convient de les ménager car ce sont les profits des détenteurs d'actifs qui font la prospérité d'une économie. L'hypothèse sous-jacente à cette thèse bien connue du « ruissellement » de la fortune de ceux qui sont situés en haut de la pyramide vers sa base, c'est que les marchés fourniront à ces riches rentiers les signaux pertinents pour qu'ils placent leur capital de manière efficace. Ce placement lui-même garantit que la fortune des rentiers est un bienfait pour la collectivité. Bien sûr, l'hypothèse du ruissellement est irrecevable puisque, comme nous l'avons vu, les marchés financiers (où vont s'investir les capitaux desdits rentiers) allouent de manière très inefficace le capital (cf. chap. 3). Il n'y a donc aucune raison de penser que la fortune d'une minorité de privilégiés soit un bienfait collectif. En outre, nous avons vu (cf. chap. 6) que, lutter contre l'inflation, c'est condamner nos économies à devoir choisir entre la peste (la trappe à liquidité) et le choléra (les krachs financiers). Nous retrouvons, à nouveau, la structure d'un commun dans ce dilemme : les adversaires de l'inflation ressemblent à des pêcheurs qui refusent d'entendre qu'en empêchant la hausse des prix (en prélevant une part significative du stock de poissons existant), ils nuisent à l'ensemble de la collectivité. Ce qui a rendu possible cette appropriation du commun qu'est la monnaie, c'est que beaucoup ont cru que ce prélèvement bénéficierait à la collectivité (*via* la « main invisible » des marchés). Reconnaître que tel n'est presque jamais le cas, c'est admettre que la liquidité est un commun.

Enfin, le lecteur qui a lu le chapitre 5 reconnaîtra facilement dans le refus d'admettre que les banques peuvent créer de la monnaie *ex nihilo* l'aboutissement de la privatisation du crédit : les banques ne créent de la monnaie *que* si cela sert leurs intérêts. Dans la mesure où, comme nous l'avons vu au chapitre précédent, c'est la création monétaire qui rend possible l'activité économique, l'octroi de crédit ne devrait-il pas être un commun, à égale distance de sa privatisation et de sa collectivisation ?

Et l'hyperinflation ?

Discuter du taux d'inflation que notre économie *veut* tolérer ne signifie pas ouvrir la porte au véritable fléau qu'est l'hyperinflation [9]. Souvent, les débats relatifs à la tolérance de nos sociétés à l'égard de l'inflation procèdent d'une confusion entre les deux termes. À ma connaissance, un seul modèle théorique de portée générale permet d'opérer cette distinction et de réfléchir aux conditions d'apparition d'une dérive hyperinflationniste [10]. Pour comprendre où passe la frontière entre les deux phénomènes, il faut revenir à la distinction (fort débattue) entre monnaie externe (*outside money*) et monnaie interne (*inside money*). La monnaie est interne lorsqu'elle correspond à une dette : par exemple, la monnaie fiduciaire (celle que nous manipulons tous les jours) est fondamentalement une reconnaissance de dette des banques commerciales à l'égard de la Banque centrale. De même, la monnaie créée par les banques privées à l'occasion d'un prêt est évidemment une monnaie interne. Cela veut dire que, tôt ou tard, elle refluera vers le bilan d'une banque commerciale, puis de la banque centrale. Par contraste, une monnaie est externe lorsqu'elle est détenue en l'absence de toute dette : elle est alors un pur actif, qui ne reviendra plus dans le bilan de la banque centrale, et continuera à circuler dans l'économie réelle quoi qu'il arrive (sauf à être explicitement « détruite » à la manière dont on peut brûler un billet de banque). *A priori*, toute monnaie est interne [11], mais il suffit d'un peu de réflexion pour se rendre compte que, en réalité, nous vivons avec une quantité non négligeable de monnaie externe. Dès que la puissance publique dépense davantage que ses recettes ne l'y autorisent circule de la monnaie qui, certes, correspond à une dette (publique), mais dont la question de savoir si elle sera jamais remboursée est implicitement posée. Non pas au sens où l'État ferait automatiquement défaut sur sa dette mais au sens où, en pratique, un État peut reporter à plus tard le remboursement de sa dette en s'engageant dans une pyramide de Ponzi vis-à-vis de sa banque centrale.

Au sein de la zone euro, ce mécanisme a été rendu impossible par la fameuse indépendance de la BCE. Aux États-Unis, en revanche, le Trésor peut emprunter à la Réserve fédéral de la monnaie « neuve » contre des IOU (*I owe you*), des reconnaissances de dette, dont tout le monde sait que leur remboursement peut être différé à perpétuité. Une partie des dépenses budgétaires est donc de la monnaie externe, au moins en première approximation [12]. Enfin, dès qu'un acteur économique, privé ou public, fait défaut sur tout ou partie de ses dettes, il crée *ipso facto* de la monnaie externe puisque la monnaie qui lui avait été prêtée ne refluera plus jamais vers le bilan de l'institution bancaire (publique ou privée) qui en était l'origine. Qui niera que des faillites d'acteurs privés ont lieu tous les jours, et dans des proportions significatives ? Et une faillite souveraine en moyenne tous les cinq ans ? Qu'on le veuille ou non, une partie de la monnaie qui circule dans nos économies est externe [13].

En quoi cette distinction entre monnaie externe et monnaie interne nous importe-t-elle pour comprendre le phénomène d'hyperinflation ? *L'accroissement de monnaie interne peut engendrer de l'inflation mais jamais d'hyperinflation.* En revanche, c'est l'augmentation non contrôlée de monnaie *externe* qui peut provoquer une flambée hyperinflationniste. L'assimilation hâtive entre dépenses publiques et risque hyperinflationniste repose, en réalité, sur l'approximation des premières avec de la monnaie externe. Resituée dans le contexte de notre discussion sur le rôle de la monnaie comme commun, l'hyperinflation peut alors être vue comme le résultat de l'assimilation de la monnaie à un bien public (excès de dépenses publiques qui ne seront jamais soldées) aussi bien que de son assimilation à un bien privé (faillite privée, qui permet éventuellement à un acteur privé de socialiser ses pertes). Inversement, le meilleur moyen de créer de la monnaie sans risque hyperinflationniste consiste à n'émettre que de la monnaie interne – à le faire, par exemple, dans un contexte suffisamment rigoureux pour que nous soyons assurés que les dettes contractées seront bel et bien remboursées.

L'exemple de l'hyperinflation allemande permet de comprendre ce point aisément. Il s'agit assurément de l'un des épisodes les plus traumatisants pour la République de Weimar : un bien qui coûtait 1 Reichsmark en juillet 1914 en valait 12,6 en janvier 1920, 36,7 en janvier 1922, 2 785 un an plus tard, 194 000 en juillet 1923, 726 milliards en novembre 1923 (vous avez bien lu !). Certains manuels d'histoire ou d'économie attribuent ce dérapage vertigineux à une explosion des dépenses publiques allemandes – ce qui ne correspond aucunement à la réalité. Le président de la Reichsbank (la banque centrale) d'alors se nommait Hjalmar Schacht, plus connu pour avoir été le chef d'orchestre de la relance de l'économie allemande de 1934 à 1937 que pour avoir été celui qui sut mettre fin à l'hyperinflation de 1923. Il explique lui-même comment il s'y est pris dans un ouvrage trop méconnu, *Magie des Geldes* (« La Magie de la monnaie », 1967[14]). En mai 1922, les Alliés avaient exigé que la Reichsbank fût entièrement sous contrôle privé. Tout comme en 1949, il s'agissait, à leurs yeux, d'une mesure préventive destinée à priver le pouvoir politique allemand des moyens de financer un nouvel effort de guerre. La Reichsbank, devenue totalement indépendante du pouvoir politique, s'engagea alors à transformer automatiquement en Reichsmark toute monnaie créée par les banques privées. À Hambourg, Brême et Kiel, des banques privées purent désormais créer leur propre monnaie, convertible dans la devise nationale. L'Allemagne fit donc l'expérience audacieuse d'une privatisation absolue de la monnaie avec la bénédiction de sa Banque centrale et des Alliés. Mieux : la Reichsbank autorisa également les ventes à découvert de la devise allemande. Celle-ci était en effet soumise à rude épreuve du fait des réparations de guerre exigées lors du traité de Versailles de 1919, et dont le montant était libellé en monnaie étrangère (en franc, notamment). La défiance à l'égard du Reichsmark contribuait à sa dépréciation, et la dévalorisation de la monnaie rendait plus lourd encore le poids des réparations, entraînant la devise allemande dans une spirale descendante. Autoriser les ventes à découvert du Reichsmark revenait à laisser libre cours aux marchés pour éventuellement achever de torpiller cette devise. En d'autres termes, 1923 fut l'expérience d'un immense suicide monétaire de l'Allemagne dû à une tentative de privatisation absolue de la monnaie. Le résultat qui s'ensuivit est transparent : les banques créèrent une quantité inouïe de monnaie privée en émettant des prêts tous azimuts à destination d'une économie réelle étranglée par la dépréciation de la devise nationale. Ces monnaies privées étaient automatiquement transformées par la Banque centrale en Reichsmarks. Dans ses mémoires de 1967, Schacht estime qu'à la fin de l'année 1923, environ la moitié de la monnaie en circulation en Allemagne provenait de la création monétaire privée. Ajouté à la spéculation à la baisse via les ventes à découvert, ce dispositif suffit à liquider la monnaie nationale. Schacht prit trois décisions fort simples, qui sauvèrent le pays du chaos : *primo*, il interdit les ventes à découvert du Reichsmark du jour au lendemain ; *secundo*, il décréta que la Reichsbank ne convertirait plus les monnaies privées en Reichsmark ; *tertio*, il décida l'émission d'une nouvelle monnaie nationale, le Rentenmark, non convertible en devise étrangère mais convertible en Reichsmark. Il devenait désormais impossible aux marchés des changes de spéculer contre cette nouvelle monnaie tandis que les banques se voyaient *de facto* retirer le pouvoir de création d'une monnaie privée. Il ne fallut pas plus d'un an pour que la nouvelle monnaie remplaçât l'ancienne et, en se stabilisant, mît fin à l'épisode hyperinflationniste.

Comment relire cette page d'histoire étonnante avec les catégories introduites dans ce livre ? Le pouvoir octroyé aux banques privées ne consistait pas seulement à créer de la monnaie : nous avons vu qu'elles détiennent toujours ce pouvoir aujourd'hui. (Et nous verrons plus bas que le seul moyen de le leur retirer, si on le souhaite, consiste à mettre en place l'une des versions du Plan de Chicago.) Dans la mesure où une banque pouvait émettre un prêt dans sa monnaie propre, et se faire rembourser en Reichsmark, la monnaie émise était devenue de la monnaie *externe* car les Reichsmarks ainsi créés n'étaient une dette pour personne. Ils devenaient tout simplement la propriété privée des banques émettrices. Loin de constituer le paradigme du désastre que provoque le droit de création monétaire publique, 1923 illustre au contraire le désastre que constitue non seulement la privatisation de la monnaie mais encore sa mutation en monnaie externe.

Ces considérations vont nous aider à répondre à la question centrale du mode de financement de la transition écologique.

Notes

1. Marvin T. Brown, *Civilizing the Economy: A New Economics of Provision*, Cambridge, Cambridge University Press, 2010.
2. Non que Smith ait été un partisan de l'esclavage. Mais il dénonce mollement cette institution, tout en remarquant avec une pointe de regret que les esclavagistes français sont sans doute plus « efficaces » que leurs concurrents écossais. Et nulle part il ne mentionne la force de travail des esclaves comme facteur explicatif de la prospérité écossaise.
3. Karl Polanyi, *La Grande Transformation. Aux origines politiques et économiques de notre temps* (1944), Paris, Gallimard, 1983.
4. Prix Nobel d'économie en 2009.
5. Mouvement qui, de manière particulièrement sensible à partir du XVIe siècle, a abouti à la privatisation de l'exploitation agricole en Angleterre.
6. Cette deuxième partie du problème rejoint la question de l'extraction de l'information privée par la puissance publique. Cf. Gaël Giraud, *La Théorie des jeux*, Paris, Flammarion, coll. « Champs », 3e éd., 2012.
7. Cf. Elinor Ostrom, *Gouvernance des biens communs. Pour une nouvelle approche des ressources naturelles*, Paris, De Boeck, 2010 (révision scientifique de Laurent Baechler).
8. Cf. Ranjan Bhaduri, Gunter Meissner et James Youn, « Hedging Liquidity Risk: Potential Solutions for Hedge Funds », *CFA Digest*, vol. 38, n° 3, 2008.
9. Définie traditionnellement comme une inflation supérieure à 50 % par mois.
10. Cf. Pradeep Dubey et John Geanakoplos, « Inside and Outside Money, Gains to Trade, and IS-LM », *Economic Theory*, vol. 21, n° 2-3, 2003, p. 347-397 ; Gaël Giraud et Antonin Pottier, *op. cit.*
11. Exception faite de la monnaie contre une devise étrangère, comme par exemple la création du renminbi en Chine, en contrepartie des extraordinaires réserves de change de la banque centrale de Pékin.
12. Cf. John K. Galbraith, *Money: Whence it Came, Where it Went*, Boston, Houghton Mifflin Company, 1975.

13. C'est d'ailleurs ce résidu de monnaie externe qui fixe de manière endogène le niveau absolu des prix d'une économie. Cf. Michael Woodford, « Monetary Policy and Price Level Determinacy in a Cash-in-Advance Economy », *Economic Theory*, vol. 4, n° 3, 1994, p. 345-380 ; *idem*, « Control of the Public Debt: A Requirement for Price Stability? », NBER Working Paper n° 5684, 1996 ; *idem*, « Price-Level Determination Under Interest Rate Rules », Mimeo, Department of Economics, Princeton University, 1999.

14. *Mémoires d'un magicien*, Tome 1, *De Bismarck à Poincaré* ; Tome 2, *De Hitler au monde nouveau*, Éditions Broché.

Chapitre 8

COMMENT FINANCER LA TRANSITION ÉCOLOGIQUE ?

Nous sommes enfin en mesure d'apporter une réponse partielle à la question qui guide ce livre. Elle est partielle dans la mesure où elle demande à être inscrite dans un projet global de société européenne construite autour des biens communs que nous voulons promouvoir. Mais elle suscite suffisamment de débats (et de résistances) à elle seule pour mériter d'être explicitée dès à présent.

Certes, il existe un argument massif qui permet d'évacuer la tâche d'examiner comment financer de manière volontaire la transition : le recours au marché du carbone. Depuis 2005, en effet, l'Europe s'est dotée d'un marché de quotas d'émissions de CO_2 qui oblige les industriels à racheter auprès d'autres producteurs plus vertueux le droit d'émettre du CO_2 au-delà du plafond autorisé. Malheureusement, cet instrument *a priori* prometteur ne remplit pas sa fonction : du fait de la conjugaison de plafonds trop laxistes jusqu'en 2008 et du ralentissement de l'activité après 2008 (à cause du *krach* financier), la tonne de carbone s'échange, en 2013, à un prix compris entre 2 et 5 € – un prix ridiculement faible et qui ne fournit aucunement les incitations nécessaires à l'investissement dans des infrastructures industrielles bas carbone. Les spécialistes estiment en effet que ce n'est qu'à partir de 30 € la tonne de carbone que ces droits pourront commencer à avoir un effet. Mieux, 60 € seraient un prix probablement optimal pour que la transition se fasse à un rythme soutenu. Certes, la Commission a proposé de retirer des quotas du marché pour faire augmenter leurs prix. Et le Parlement européen a voté le gel des quotas en juillet 2013. Mais cela ne suffit pas. Quand les autorités européennes oseront-elles résister au *lobbying* des industriels du pétrole et de la chimie ? À ce dysfonctionnement majeur s'ajoutent de multiples fraudes qui, depuis son ouverture, entachent le fonctionnement du marché du carbone. C'est qu'un marché, contrairement à ce que voudrait un certain imaginaire néo-libéral, est une construction sociale, avec des règles. Et qu'il existe de bonnes et de mauvaises règles. À l'évidence, les règles qui entourent l'émergence du prix du carbone en Europe, aujourd'hui, ne sont pas assez contraignantes. Devons-nous attendre que le politique se décide, enfin, à résister au *lobby* des « grands pollueurs industriels » pour que le prix du carbone passe au moins la barre des 30 € la tonne, et devienne dissuasif ? Rien n'est moins sûr. Car, si l'on a compris la parabole des taches solaires évoquée plus haut, on sait combien il serait de toutes les manières illusoire d'attendre d'un prix de marché du carbone qu'il fournisse un « bon » signal, capable de contraindre nos économies à amorcer la transition. Ce signal restera erratique, imprévisible, et incapable, le plus souvent, de transmettre l'information pertinente.

Reste donc l'action politique volontariste. La première à laquelle on songe, c'est évidemment la fiscalité carbone. Celle-ci devrait en effet devenir un outil essentiel [1]. Elle a pour elle de fixer *a priori* un prix du carbone sans attendre que les mânes du marché veuillent bien le lui révéler, mais elle a contre elle de constituer un coût, une *pénalité* infligée aux pollueurs. Dans le contexte de surendettement européen et de déflation, il semble bien qu'une autre réponse, positive cette fois, doive être envisagée en parallèle d'une authentique taxe carbone.

La création de monnaie interne

Cette réponse, le lecteur l'aura sans doute anticipé, consiste à financer la transition écologique par la *création de monnaie interne*. Nous avons vu, au chapitre 5, que la création monétaire est un événement quotidien aussi banal que l'octroi d'un crédit par une banque commerciale. Ce point est essentiel tant sont nombreux les décideurs politiques (et même certains économistes) qui raisonnent constamment comme si le stock de monnaie disponible était donné une fois pour toutes. Il y a au moins deux raisons pour lesquelles beaucoup croient spontanément que le stock monétaire est constant.

La première est que certains confondent la monnaie disponible pour l'usage d'une collectivité avec le revenu d'un ménage ou la trésorerie d'une entreprise. Aucun ménage, en effet, et aucune entreprise non bancaire, ne dispose du pouvoir de création monétaire : pour eux, dès lors, le stock de monnaie disponible est constant, à moins qu'ils n'obtiennent un crédit de leur banquier. Mais comme ce crédit est, en général, « payant », nous sentons confusément qu'à la fin de l'histoire il nous faudra restituer le capital emprunté *plus* les intérêts ! De sorte que, pour un ménage ou une entreprise, le crédit est vécu plutôt comme un accroissement temporaire de monnaie qui se solde, *in fine*, par une *réduction* du stock de monnaie disponible – nonobstant les revenus ou les profits supplémentaires que le crédit accordé aura rendus possibles.

La seconde raison plonge sans doute ses racines dans l'inconscient collectif européen hérité du Moyen Âge. À l'époque, en effet, un thème récurrent hante la littérature politique et économique (et théologique!) : celui du roi faux-monnayeur. Dans la mesure où la monnaie était gagée sur un actif (l'or ou l'argent) lui-même en quantité finie, la masse monétaire se trouvait en principe limitée par le stock d'or ou d'argent. La tentation était grande, pour le monarque, de frapper une monnaie « menteuse », dont le poids en or était très légèrement inférieur à sa valeur faciale. On trouve une version exemplaire de la dénonciation du prince faux-monnayeur chez le moine savant Nicolas Oresme[2]. Aujourd'hui, nous avons abandonné la convertibilité-or de nos monnaies depuis la période 1971-1973 et le décret d'abandon des accords de Bretton Woods par Richard Nixon, le 15 août 1971. Voilà donc quarante ans que nous vivons avec une monnaie *qui n'est plus gagée sur un actif.* La monnaie est devenue un pur *signe* fiduciaire[3] : soit qu'elle circule sous forme de pièces et de billets, dont la valeur faciale n'entretient plus la moindre correspondance avec quelque contenu en métal précieux que ce soit, soit qu'elle soit représentée par les lignes d'un programme informatique – ce second cas représentant l'écrasante majorité de la monnaie.

D'aucuns souhaitent le retour à un étalon non monétaire qui fixerait une borne à la quantité de monnaie que nous pouvons créer[4]. Un tel « retour » s'exposerait à de grosses difficultés – quel actif de référence choisir ? L'or est disqualifié, étant disponible en trop petite quantité et très inégalement distribué entre pays. Mais on peut aussi interroger le thème du roi faux-monnayeur lui-même : la falsification de la monnaie revenait, ni plus ni moins, à créer de l'inflation. Les rois ont eu recours à cet artifice chaque fois qu'ils se sont trouvés en difficulté pour payer leurs dettes. Ce que Nicolas Oresme dénonce, est-ce le principe même de l'inflation *comme telle* ou bien sa capture par la puissance publique ? Replacé dans le cadre de notre discussion autour des communs, la hantise d'une monnaie qui ne serait plus gagée sur un stock d'actif disponible (comme l'or) trouve ses racines dans l'erreur symétrique à la privatisation du crédit que nous connaissons aujourd'hui : la réduction de la monnaie à un bien *public*. C'est cette même crainte (échapper aux dérapages que peut provoquer l'accaparement de la monnaie par la puissance publique) qui explique, sans les légitimer, les tentatives de justification de l'indépendance de la banque centrale dans les termes d'une suspicion radicale à l'égard du politique (cf. chap. 6).

Si nous admettons que la monnaie (la liquidité et le crédit) ne devrait être ni un bien privé ni un bien public mais un commun, alors la liberté de création monétaire dont nous disposons devient un atout. Le financement de la transition énergie-climat doit pouvoir se faire par la création monétaire confiée à une BCE [5] placée sous le contrôle d'une Union politique européenne.

Nous allons examiner quelques-uns des obstacles techniques qu'il convient de surmonter afin qu'un tel financement soit possible. Mais, disons-le d'emblée, l'obstacle principal n'est pas technique. Il est politique : une partie des élites européennes, aujourd'hui, ne croit plus à la puissance transformatrice de l'État. De sorte qu'il n'est pas rare d'entendre des plaidoyers libertariens même dans la bouche de hauts fonctionnaires français, issus par exemple de l'Inspection générale des finances. En Allemagne, la situation est plus complexe : la fascination pour une société post-industrielle de services financiers « délivrée » de l'industrie et de l'État y semble moins forte. En revanche, la hantise d'un abus du pouvoir de création monétaire par l'autorité politique continue d'y être vivace. Vieil héritage, on l'a vu, des traumatismes médiévaux. Car l'expérience du Troisième Reich, contrairement à ce qui est parfois allégué, ne saurait justifier cette peur phobique : de 1933 à 1937, le Dr Hjalmar Schacht a certes fait tourner la planche à billets à plein régime mais sans provoquer d'inflation et en remettant au travail pas moins de 6 millions de chômeurs allemands. La crainte du prince créateur de monnaie y est avant tout, me semble-t-il, le fruit d'une mise en scène culturelle. Ne lit-on pas, écrit en lettres capitales, sur les murs intérieurs de la Bundesbank, à Francfort, ces vers du *Faust II* de Goethe où quelqu'un recommande au Kaiser ruiné de combler ses dettes par la planche à billets ? Ce quelqu'un... c'est Méphistophélès.

À quel taux ?

Les prêts que devra consentir la BCE auront nécessairement des maturités longues : dix ans, au moins. À quel taux la BCE devra-t-elle prêter ? Cette question nourrit l'intense débat qui traverse, aujourd'hui, la communauté des économistes au sujet du taux d'escompte qu'il convient d'appliquer aux projets de long terme liés, notamment, à la réduction des émissions de GES. Car en appliquant un taux d'intérêt réel à son prêt (de long terme), la Banque centrale indiquera implicitement à quel taux elle égalise un euro prêté aujourd'hui avec un euro remboursé dans dix ans (ou davantage).

Traditionnellement, la question est abordée dans le contexte d'une analyse coût-bénéfice des projets publics de long terme inspirée du modèle classique d'Arrow et Kurz[6], qui date de 1970. Le taux d'intérêt de long terme y est obtenu en fonction du taux de croissance du PIB par habitant, de l'aversion au risque moyenne des acteurs économiques et du taux d'escompte de l'avenir. L'apparition de l'aversion au risque se comprend *a priori* assez bien : l'évaluation *ex ante* du coût et du bénéfice d'un projet revient à calculer la valeur espérée de leur utilité sociale. Mais cette utilité sociale espérée est elle-même estimée en fonction de l'aversion au risque des individus concernés : plus ils craignent le risque, plus l'utilité sociale d'un projet aléatoire sera faible *a priori*. Plus, par conséquent, le taux d'intérêt devra être élevé.

Depuis l'article célèbre de l'économiste Frank Ramsey de 1928[7], il y a un consensus assez large pour estimer que le taux d'escompte de l'avenir doit être nul. Cette position est reprise, par exemple, par un groupe d'experts et d'éthiciens suisses dans un rapport rendu en 2000 par le département fédéral pour l'Environnement, le Transport, l'Énergie et la Communication, au sujet du traitement des déchets nucléaires :

« *Moralement, il n'y a aucune différence entre un risque contemporain et un risque futur. Les théories qui, par exemple, tentent, dans leur analyse en termes de coûts-bénéfices, d'escompter les effets sur la santé humaine dans vingt ans, en considérant qu'ils sont équivalents à seulement un dixième des effets contemporains, sont inacceptables*[8]. »

La difficulté, c'est que la calibration empirique de l'aversion au risque et du taux de croissance donne des ordres de grandeur qui sont considérés comme irréalistes.

En effet, si l'on en croit la littérature académique, le taux d'aversion au risque est compris entre 3 et 15. Le taux de croissance par habitant, depuis trente ans, étant compris entre 2 et 3 % en moyenne, on obtient un taux d'intérêt compris entre 6 et 45 % ! De l'avis général des économistes, cette fourchette est trop élevée. Ainsi la circulaire A4 du US Office of Management and Budget de septembre 2003 (p. 33-36) demande-t-elle que tout projet public soit soumis à une analyse coût-bénéfice incluant un taux d'intérêt compris entre 3 et 7 %. Où s'est-on trompé dans l'estimation des paramètres de l'équation d'Arrow-Kurtz ? Il revient à Jean-François Mertens et Anna Rubinchik[9] d'avoir proposé, en 2008, une reformulation du problème qui résout cette difficulté. Ces deux chercheurs montrent en effet qu'une normalisation intelligente fait disparaître l'aversion au risque du calcul du taux d'intérêt. Reste à nous souvenir de la leçon tirée du chapitre 4, à savoir que le taux de croissance maximal auquel nous pouvons nous attendre du fait de la contrainte énergétique est inférieur à 1 % par an. Le taux d'intérêt réel dont notre banque centrale devrait consentir à financer la transition est donc au plus égal à 1 %. Un taux à l'aune duquel, *dès aujourd'hui*, une part non négligeable des chantiers de la transition devient rentable.

Avec quel collatéral ?

Reste la définition du collatéral qui servira de garantie aux prêts de la banque centrale. On peut fort bien imaginer que la BCE accepte comme collatéraux des « obligations de projet » finançant exclusivement des projets d'avenir liés à la transition. Entre décembre 2011 et février 2012, Francfort a accepté d'accorder aux banques commerciales européennes des prêts de maturité trois ans au taux de 1 %. Elle parie en quelque sorte sur la remise en ordre, à cette échéance, des bilans des banques et plus généralement de l'économie. Pari audacieux, qui pourrait se solder par la mise en place, une fois de plus, d'une pyramide de Ponzi (éventuellement inavouée, cf. chap. 1). Qui plus est, la BCE a accepté des collatéraux de qualité de plus en plus « dégradée » en échange de ce prêt – par exemple, des titres de dette grecque. Tout cela à seule fin de sauver le système bancaire européen. Dans le contexte de la transition, il ne s'agit rien de moins que de sauver le continent européen et, accessoirement, la planète. Gager les prêts longs de la transition sur des *project bonds* d'échéance longue (des obligations fléchées sur des projets concrets liés à la transition), c'est parier sur la continuité et la pérennité de l'économie européenne. Ce pari n'est pas plus osé que celui qui vient d'être fait sur la santé de nos banques à trois ans [10]. Ces obligations « vertes » seraient émises, par exemple, par la Banque européenne d'investissement pour les grands projets d'infrastructures européens et par des institutions existantes ou à créer (banque nationale d'investissement) pour les déclinaisons nationales du plan de transition [11]. La BCE et les banques centrales nationales pourraient donc accepter en guise de collatéral des prêts consentis aux banques publiques d'investissement des *project bonds* présentés par ces banques lors des opérations de refinancement. Ces obligations vertes pourraient être rachetées par les banques centrales, de la même façon que la BCE rachète aujourd'hui aux banques privées des titres de dette souveraine. En outre, ces obligations vertes pourraient être émises sur les marchés financiers à des taux plus élevés que le taux de 1 % consenti par le système européen des banques centrales. Les opérations les moins rémunératrices au plan strictement financier pourraient bénéficier du 1 % « banque centrale » dès lors que leur intérêt écologique et social le justifie. Celles dont la rentabilité s'approche des conditions de marché pourraient simplement bénéficier de bonification de taux. Les autres seraient financées de manière classique par l'épargne internationale mobilisée. On peut aussi envisager que le seigneuriage futur de la BCE (les profits qu'elle réalisera dans les cinquante prochaines années par ses opérations de prêt), actualisé à 1 %, serve de collatéral aux prêts d'aujourd'hui. Dans la mesure où le seigneuriage de la BCE est évalué à environ 1,5 % du PIB de la zone euro, sur un horizon de cinquante ans, et actualisé au taux de 1 % par an, cela représente plus de 5 200 milliards d'euros. C'est insuffisant pour servir de collatéral à la totalité des prêts nécessaires dans les dix prochaines années mais cela pourrait servir de compléments aux propositions précédentes.

Quoi qu'il en soit, la question de la crédibilité des obligations vertes se ramène alors à celle de la qualité des projets de transition et du discernement au terme duquel nous déciderons que l'intérêt écologique et social d'un projet justifie qu'il bénéficie du 1 % « banque centrale ». Ce qui nous conduit tout droit à la question de la gouvernance européenne du plan de transition.

Notes

1. Cf. notamment Patrick Criqui, Benoît Faraco, Alain Grandjean, *Les États et le carbone*, Paris, PUF, 2009.
2. Nicolas Oresme, *Traité sur l'origine, la nature, le droit et les mutations des monnaies*, fascicule MESA n° 6, sous la direction de Jacqueline Fau, Cujas, 1990.

3. On notera que les nombreuses crises financières antérieures à 1971 (celles de 1929, 1907, 1889, etc.) témoignent de ce que l'abandon de la convertibilité ne peut pas être identifié purement et simplement à la cause unique des krachs à répétition que nous connaissons aujourd'hui.
4. Cf. par exemple Philippe Simonot et Charles Le Lien, *La Monnaie. Histoire d'une imposture*, Paris, Perrin, 2012.
5. Ou une banque publique d'investissement, comme la BEI (Banque européenne d'investissement) par exemple.
6. Kenneth J. Arrow et Mordecai Kurz, *Public Investment: The Rate of Return, and Optimal Fiscal Policy*, Washington, Ressources for the Futur, 1970.
7. Frank P. Ramsey, «A Mathematical Theory of Saving», *The Economic Journal*, vol. 38, n° 152, 1928, p. 543-559.
8. Walter Wildi, Detlef Appel, Marcos Buser, François Dermange, Anne Eckhardt, Peter Hufschmied et Hans-Rudolf Keusen, *Disposal Concepts for Radioactive Waste*, Office fédéral de l'Énergie, Berne, Suisse, 31 janvier 2000.
9. Jean-François Mertens et Anna Rubinchik, «Intergenerational Equity and the Discount Rate for Cost-Benefit Analysis», CORE Discussion Paper n° 2008077.
10. Cf. Michel Aglietta et Jean-Charles Hourcade, «Un mécanisme pour la relance verte», *Le Monde*, 14 juin 2012.
11. Cf. Alain Grandjean, «La transition écologique: comment?», *Études*, t. 416, n° 4, avril 2012.

Chapitre 9

COMMENT GOUVERNER LES COMMUNS EUROPÉENS ?

L'expérience accumulée par les travaux de Ostrom et de ses collègues montre que la gestion des ressources communes, pour être durable, doit respecter un certain nombre de principes institutionnels simples. Les individus concernés par le commun doivent participer régulièrement à la définition et à la modification des règles qui président à sa gestion ; leur droit à fixer et à modifier ces règles doit leur être reconnu par la collectivité ; un mode d'autocontrôle *(self-monitoring)* du comportement des membres doit être collectivement fixé, ainsi qu'un système gradué de sanctions ; enfin, et surtout, les membres de la communauté doivent pouvoir compter sur un ensemble d'activités, réparties entre eux, pour accomplir les différentes fonctions de régulation, et toute modification de ces tâches doit être négociée dans la réciprocité.

Le lien entre la norme de réciprocité, la gestion démocratique et la participation active dans la production d'un certain nombre de ressources n'a pas grand-chose à voir, on s'en doute, avec le fonctionnement d'un marché. Ni avec celui d'une administration. Ceux qui y participent ne sont ni les consommateurs (ou les investisseurs) d'un marché financier ni les usagers d'une administration extérieurs à la production : ce sont plutôt des coproducteurs qui œuvrent ensemble. Entre le marché qui ne connaît que des biens privés et l'État qui ne connaît que des biens publics, ce que nous avons à construire en Europe, c'est cette catégorie tierce – les communs –, en aménageant des règles qui ne relèvent ni exclusivement du droit de la propriété privé, ni du droit public des États membres, mais d'un droit *commun*-autaire.

Que ce soit difficile vient simplement nous rappeler le caractère *construit* des communs. Nous n'avons aucune raison de croire, comme certains libertariens, qu'un commun peut fonctionner sans règles instituées, qu'il est un objet « naturel » ou encore que le « libre accès » est synonyme de laisser-faire dérégulé. L'exemple de Wikipédia et des règles qui y ont été peu à peu élaborées, ou encore le droit des brevets, en témoignent. Sans règles collectivement consenties afin de la prévenir, leur privatisation provoquera une nouvelle « tragédie des communs » : la stérilisation de savoirs utiles à l'ensemble de l'humanité [1].

La réciprocité n'est pas davantage innée que la démocratie n'est une donnée intangible. Au contraire, le commun résulte de la construction d'un cadre réglementaire et d'institutions démocratiques qui organisent la réciprocité afin d'éviter les comportements de type passager clandestin ou la passivité des usagers des « guichets » de l'État. Par contraste, le drame de l'Union européenne peut s'interpréter ainsi : tant que nous étions cantonnés à des logiques nationales, régies par le concept d'Étatnation hérité du traité de Westphalie de 1648, la partition entre biens publics et biens privés pouvait sembler suffisante à la division des tâches entre État et marché. La construction européenne a fait surgir la dimension d'un commun entre Européens. L'immense espoir qui, depuis un demi-siècle, s'attache à cette construction pourrait bien révéler la discrète espérance d'une sortie du dualisme État/marché. Las, les traités européens ont imprimé au projet initial une direction qui l'éloigne de l'idéal de construction de communs en institutionnalisant, au contraire, leur privatisation. L'indépendance de la Banque centrale européenne, l'initiative législative confiée à une Commission européenne sans mandat démocratique, la dérégulation des marchés financiers, la confection des normes comptables internationales par un organisme privé (IASB) capturé par les institutions financières et les cabinets de conseil, l'union bancaire, le traité pour la stabilité, la coordination et la gouvernance (TSCG), la priorité accordée à l'inflation (sur la lutte contre le chômage, par exemple), puis, à présent, la prévalence du secteur bancaire sur les États eux-mêmes signalent bien de quoi il retourne : en retirant des mains de la puissance publique (nationale) la gouvernance de ces biens, les institutions européennes n'en ont pas fait des communs mais des biens privés extraterritorialisés [2]. La double noyade (cf. chap. 2) montre qu'une fois la privatisation extraterritoriale en cours, il est très difficile d'instaurer de nouveau une logique publique dans la gestion des biens, sauf à courir le risque de noyer les institutions et publiques et privées.

De même, le principe de subsidiarité est explicitement mentionné à l'article 5 du traité de Maastricht. Il stipule que, dans une organisation complexe comme l'est l'Europe, toutes les décisions qui *peuvent l'être* doivent être déléguées par les échelons supérieurs aux échelons inférieurs, plus « proches des citoyens ». L'intention est certes louable ; elle s'enracine dans la tradition chrétienne puisque le principe de subsidiarité remonte au moins à saint Thomas d'Aquin et, surtout, a été mis en avant comme devant structurer l'action publique par le pape

Léon XIII dans son encyclique fondatrice, *Rerum Novarum*, en 1891. Enfin, les travaux d'Ostrom montrent que la subsidiarité joue un rôle décisif pour la préservation des biens communs. Appliqué à l'Europe, toutefois, ce principe ne court-il pas le risque d'être miné d'emblée par l'organisation d'un marché unique, dérégulé, où, en particulier, les capitaux circulent librement ? Deux exemples témoignent de la fragilité d'un tel principe, si du moins nous voulions qu'il soit autre chose qu'un *pium votum* :
1) L'union bancaire, peu à peu élaborée au cours de l'année 2012, prend acte de l'incapacité des États à gérer seuls la crise des systèmes bancaires nationaux. Du coup, l'Europe s'apprête à confier à la BCE le rôle de coordonner une union où les banques seraient solidaires entre elles. Pareil projet ne nie pas le principe de subsidiarité, il trahit simplement que ce dernier est rendu impuissant par l'internationalisation des transactions financières au sein de l'Europe ; il dépossède les États d'un droit de regard légitime sur leur secteur bancaire ; il court le risque, en rendant les banques solidaires entre elles, de faire s'étendre à toutes le soupçon d'une panique bancaire dès que l'une d'entre elles sera en difficulté...
2) Le traité de stabilité, coordination et gouvernance, adopté par la France durant l'automne 2012, autorise désormais la Commission européenne à infliger des sanctions automatiques à un pays qui aurait l'audace de ne pas mettre en œuvre l'austérité budgétaire dont nous avons vu qu'elle est le plus sûr moyen de condamner la zone euro à la récession. Cette fois, il s'agit bien d'un déni de subsidiarité sauf à considérer que les États sont incapables de juger eux-mêmes de la pertinence de la politique budgétaire qui leur est ainsi imposée. Soyons-en sûrs : c'est bien ce que pense une majorité de hauts fonctionnaires euro-

péens (et français!) : les gouvernements seraient incapables, au fond, de prendre sagement leurs responsabilités. Mieux vaut substituer à la décision politique (rendue légitime par le suffrage démocratique) des sanctions bureaucratiques administrées par une instance, la Commission européenne, qui n'a de compte à rendre à aucun électeur.

Autrement dit, il existe une manière d'appliquer la subsidiarité qui la vide de son contenu : en estimant que, sur aucun des sujets qui comptent, l'échelon de l'État national n'est pertinent. En revanche, lorsqu'il s'agit de déléguer à un organisme privé comme l'IASB, proie rêvée du *lobbying* des institutions financières et des agences de conseil, la responsabilité d'édicter les normes comptables internationales, cette fois, l'Europe n'a guère de scrupules...

Il est vrai – et cela ne sera sans doute jamais suffisamment répété – que le spectacle qu'offre le Conseil européen (*i.e.* le sommet réunissant les vingt-huit chefs d'État ou de gouvernement européens) n'encourage guère à croire en l'aptitude des États-nations à agir dans l'intérêt de tous les Européens. Plusieurs réformes financières ont été proposées par la Commission européenne, essentiellement à l'initiative courageuse de Michel Barnier, validées par le Parlement et... torpillées par le Conseil. Des trois institutions qui dirigent actuellement l'UE, le Conseil est sans doute celle qui se soucie le moins de l'intérêt européen. L'article 219 du traité de Lisbonne est pourtant très clair sur les prérogatives du Conseil : le Conseil peut formuler les orientations générales de politique de change au sein de la zone euro. Et ce point est présent dans les traités dès les premières fondations de la monnaie unique. Cela signifie qu'il y a bel et bien un interlocuteur politique en face de la BCE, du moins sur le papier. Car le Conseil a dès le début de l'euro démissionné de cette responsabilité, laissant Francfort dicter un euro surévalué pour la majorité des pays du Sud.

Le Conseil n'accomplit pas sa mission. Est-ce une raison pour tenter de le court-circuiter au risque de laisser une instance sans légitimité démocratique, comme la Commission, cumuler les pouvoirs législatif et exécutif? Ne faut-il pas, au contraire, chercher les moyens qui contraindront les membres du Conseil à se montrer responsables, par exemple en organisant de manière plus transparente les débats qui s'y déroulent actuellement à huis clos? Cela permettrait aux citoyens d'exercer un contrôle démocratique sur les décisions effectivement prises par leur gouvernement.

Kant contre la logique de la concurrence

Pour choisir entre les différents statuts qu'il nous est possible d'accorder à la liquidité et au crédit, le critère de l'*efficacité* est évidemment déterminant. Certes, nous avons vu que les marchés financiers dérégulés sont très inefficaces (cf. chap. 3). De sorte que la privatisation pure et simple, telle qu'elle est aujourd'hui organisée par les traités, ne peut conduire, en général, qu'à des situations (violemment) sous-optimales. Mais quelle garantie avons-nous, *a priori*, que la réciprocité, par exemple, assurera une allocation moins inefficace des ressources communes? Habituellement, ce débat est abordé sous l'angle d'un embarrassant compromis : la justice sociale serait inefficace et aurait à être conquise aux dépens de l'efficacité. La ligne de fracture entre droite et gauche passerait à l'endroit où ces deux sensibilités politiques placent le curseur entre équité et efficacité. C'est ici qu'une surprise de taille nous attend : il a en effet été montré, par John E. Roemer que, dans la quasi-totalité des situations qui nous intéressent, la logique de la réciprocité permet de surpasser en efficacité celle de la poursuite de l'intérêt égoïste de chacun [3]. La réciprocité n'est donc pas seulement affaire d'équité sociale mais aussi d'efficacité économique.

Roemer définit un équilibre kantien comme une situation où aucun intervenant n'aurait intérêt à modifier sa contribution au commun si, alors qu'il dévie de sa position d'équilibre, tous les autres intervenants étaient autorisés à modifier la leur dans les mêmes proportions. Reprenons l'exemple de la zone de pêche : supposons que la collectivité des pêcheurs soit tombée d'accord sur un compromis ; admettons, qui plus est, que chaque pêcheur ait le droit de renégocier la quantité de poissons qu'il prélève à condition que *tous les autres* puissent modifier la leur dans la même proportion. Tout compromis stable, c'est-à-dire tel que chacun soit satisfait de son sort, sera un équilibre kantien. Le rapport avec la philosophie morale d'Emmanuel Kant est évident. La première formulation de l'impératif catégorique ne s'énonce-t-elle pas : « Agis comme si la maxime de ton action devait, par ta volonté, être érigée en loi universelle [4] » ? Une règle qui, comme l'a rappelé à juste titre Paul Ricœur [5], trouve elle-même son enracinement dans la règle d'or évangélique : « Ainsi, tout ce que vous voulez que les hommes fassent pour vous, faites-le pour eux » (Mt, 7, 12 [6]). Ici, l'action dont on évalue la légitimité morale consiste à dévier de la situation d'équilibre, et son caractère universalisable (ou non) est capturé par l'idée de réciprocité : je souhaite qu'autrui m'autorise à dévier du consensus ? Eh bien, conformément à la (vraie !) règle d'or [7], je dois pouvoir autoriser autrui à en faire autant. Cela ne veut pas dire que nous devions avoir la même attitude, la même allocation de risques ou de capital ou le même rôle en toutes circonstances, mais qu'il doit y avoir une proportionnalité réciproque dans nos déviations respectives par rapport à la situation sur laquelle nous nous sommes mis d'accord. Bien entendu, la règle kantienne de l'agir moral a été critiquée en tant qu'elle caractériserait un impératif auquel la conscience de chacun serait tenue de se conformer par pur devoir. Elle dirait, ainsi, la radicalité de la loi morale, mais d'une manière abstraite, de telle sorte que, comme le remarquait Péguy, le sujet moral kantien aurait les mains « pures » parce qu'il n'a plus de mains... Restituée dans le contexte de la gouvernance des communs, et traduite à la manière de John E. Roemer, la règle kantienne peut toutefois se comprendre, non plus seulement comme la voix de la conscience intérieure à chacun, mais comme une règle *politique* de réciprocité que les parties prenantes d'un commun peuvent choisir librement de se donner entre elles. À n'en point douter, pour parvenir à se mettre d'accord sur cette règle et sur le compromis (« kantien ») susceptible d'en résulter, les parties prenantes devront *se parler* entre elles et *négocier*. Cependant, dès lors qu'une action individuelle exerce des externalités sur le bien-être de ses voisins, le résultat de Roemer montre qu'une telle règle de réciprocité induit des compromis *plus efficaces*, en général, que les équilibres issus de la logique de marché et de la prétendue « main invisible ». En particulier, l'équilibre kantien résout le problème posé par la tragédie des communs de Hardin dans la mesure où il permet d'exploiter un commun de manière optimale à long terme [8]. La raison en est simple : si ma déviation du compromis d'équilibre consiste, par exemple, à augmenter mon prélèvement sur la faune halieutique et si, imitée par tous, elle conduit à détruire la zone de pêche, je n'ai, en réalité, aucun intérêt à dévier. Inversement, si ma déviation consiste à réduire mon prélèvement et si, imitée par tous, elle conduit à une sous-exploitation des ressources (au sens où une exploitation légèrement plus intensive serait compatible avec la contrainte de renouvellement de la faune), alors elle ne sera pas intéressante non plus. On devine qu'un compromis dont personne n'ait plus aucune incitation à dévier induira une exploitation « optimale » de la ressource.

La règle de Kant-Roemer n'abolit pas la poursuite du bonheur individuel (en ce sens, d'ailleurs, elle n'est pas rigoureusement kantienne). Elle exige simplement que le contre-factuel envisagé au cours d'une négociation par chaque individu pour accepter ou refuser un compromis ne soit pas une déviation individuelle arbitraire mais une déviation *susceptible d'être imitée par tous*. Ne rejoint-elle pas le bon sens le plus largement partagé qui veut, par exemple, que chacun s'efforce de respecter des règles élémentaires de propreté dans les lieux publics ou évite de parler trop fort dans un train? Surtout, il ne s'agit pas de s'imaginer que l'équilibre kantien sera respecté spontanément : que chacun s'acquitte de ses impôts, dans la logique de Kant-Roemer, est certainement socialement bénéfique – si tout le monde fraudait le fisc, nous n'aurions plus de service public. Ce n'est évidemment pas la seule raison pour laquelle la plupart des citoyens payent leurs impôts : les contrôleurs du fisc y contribuent aussi, en fournissant les « bonnes incitations »...

D'aucuns estimeront, malgré tout, que c'est encore trop demander à la « nature humaine » que de s'engager dans des négociations réglées par un principe de réciprocité et dont les conclusions seront contrôlées, au besoin, par les forces de police. Personne, argue-t-on parfois, n'acceptera d'entrer dans des négociations « réciproques ». La naturalité de l'égoïsme de l'*Homo economicus*, souvent présentée comme un « fait », décevant mais réaliste, demande toutefois à être interrogée : les neurosciences, la primatologie tout comme l'économie expérimentale fourmillent d'exemples où l'*Homo sapiens* se révèle avant tout un être de coopération. Du reste, l'efficacité de la règle de réciprocité indique que, dans un univers de sélection darwinienne, ce sont les populations qui se coordonnent au sens kantien qui survivront, et non celles qui se livrent à une guerre sans merci (éventuellement baptisée *level playing field* ou « concurrence loyale »). Confrontées à des problèmes du type « tragédie des communs » (qui sont les nôtres, aujourd'hui), ces dernières sont vouées à la disparition [9].

Si la logique de la réciprocité (déjà inscrite dans la règle d'or évangélique) promet *à la fois* davantage de justice et d'efficacité, comment la mettre en œuvre au sein de l'Union européenne ? Plus précisément : comment réorganiser notre rapport collectif au travail, à la Terre et à la monnaie, en les instituant comme communs ?

Une Europe confédérale ?

Dans le cas du *travail*, une manière de faire consiste à prendre au sérieux la responsabilité sociale des entreprises [10] et à inscrire dans le statut juridique de ces dernières qu'elles sont d'abord des communautés de projet avec leurs parties prenantes ; que les actionnaires sont propriétaires de la société (comme personnalité juridique) mais non de l'entreprise (comme projet) ; et que la fonction première de celle-ci n'est pas la maximisation des dividendes versés aux actionnaires [11] mais son utilité sociale [12]. Enfin, la comptabilité des entreprises elles-mêmes demande certainement à être révisée [13].

Dans le cas de la *Terre*, la question s'étend bien sûr à l'ensemble des ressources naturelles que nous y puisons : la surface cultivable, les écosystèmes mais aussi les énergies fossiles et renouvelables. La délégation de service public dans le cadre de partenariats public-privé ne pourrait-elle fournir le paradigme juridique d'une telle réorientation ? Ces immenses questions dépassent le cadre de ce livre. Tout comme l'adoption de communs, elles renvoient à une attitude spirituelle fondamentale qu'évoque le « comme si » paulinien de l'Épître aux Corinthiens (cf. p. 171). Contentons-nous, ici, de la sphère financière.

Plusieurs mesures s'imposent si nous voulons faire de la liquidité et du crédit des communs européens. Elles ont partie liée, on s'en doute, avec le débat actuel sur la construction d'une Europe confédérale. Chacun sent bien, en partie pour les raisons invoquées aux chapitres précédents, que la zone euro ne survivra pas longtemps dans le cadre qui lui a été fixé par les traités. Néanmoins, la perspective fédérale est perçue par beaucoup comme irréaliste ou dangereuse. Ainsi l'économiste Bruno Amable fait-il valoir, à juste titre, que le transfert à l'échelle européenne de la protection sociale risque fort de signifier la fin du modèle social européen (tout à fait compatible avec la perspective darwinienne de certains financiers [cf. chap. 3], d'où l'existence de « néolibéraux fédéralistes »). À l'heure actuelle, la politique budgétaire commune est extrêmement faible – à peine plus de 1 % du PIB européen, ce qui ne lui permet aucunement de jouer son rôle de stabilisation lorsque des chocs macroéconomiques asymétriques frappent un pays de la zone. Tout comme l'Espagne, la Floride a été touchée par l'éclatement d'une bulle immobilière. Mais, à la différence de la péninsule, la Floride a bénéficié de transferts budgétaires de l'ordre de 4 % du PIB américain (estimation de Paul Krugman) : non pas des prêts mais des transferts purs et simples. Or, fait remarquer Amable :

« [...] une partie importante de ces transferts sont des dépenses de protection sociale [...]. La taille et l'efficacité des mécanismes de transferts fédéraux nécessaires à la stabilisation conjoncturelle dépendent donc des structures de la protection sociale et pas seulement, et même pas principalement, de ce qui serait une dépense gouvernementale discrétionnaire effectuée sous l'autorité d'un éventuel ministre des Finances de la zone euro. [...]

« Que pourrait signifier le fédéralisme pour la protection sociale en Europe ? On peut s'attendre à ce que le fédéralisme intensifie les clivages ethniques, linguistiques, régionaux ou religieux et diminue en revanche l'importance du clivage de classe qui a été fondamental pour l'émergence et la stabilité d'un système généreux de protection sociale dans les pays européens.

« C'était d'ailleurs l'anticipation de l'économiste autrichien Friedrich Hayek [...], ne voyant pas comment un pêcheur norvégien renoncerait à un quelconque avantage au bénéfice de son homologue portugais ni comment un ouvrier hollandais consentirait à payer sa bicyclette plus cher pour aider un mécanicien anglais[14]*. »*

La réponse à cette objection majeure réside certainement, comme l'a fait remarquer Thomas Piketty, dans le fait qu'il ne s'agit pas de tout fédérer. La protection sociale, les systèmes de retraite, le détail de l'impôt sur le revenu, les programmes scolaires, etc., tout ceci doit rester du domaine et de la compétence des États-nations :

« Par contre, il existe des domaines, comme la régulation des marchés financiers et des paradis fiscaux, où chaque pays ne peut pas grand-chose seul, et où le bon niveau d'intervention est clairement européen[15]*. »*

Selon quel critère décider de ce qui doit relever de l'échelon fédéral ou demeurer une prérogative des États ? C'est ici que la tripartition entre biens privés, publics et communs revêt toute sa pertinence : les biens publics doivent rester dans le champ de compétence des États et les communs être transférés à l'échelle européenne. Parmi les communs européens à privilégier figurent certains réseaux intra-européens (électricité, gaz, chemin de fer, etc.) ainsi que la liquidité et le crédit : ce qui suppose, en effet, de placer la régulation des marchés et le mécanisme de création monétaire au niveau européen – nous allons y revenir dans un instant. Le domaine fiscal également : pour de multiples raisons qu'il n'est pas possible de détailler ici mais qui sont évidemment liées à la mondialisation, la fiscalité des entreprises ne relève plus du champ étroit des États-nations[16]. Dans le domaine du travail, nous avons suggéré *supra* que sa reconnaissance comme commun pourrait exiger une révision du droit des entreprises qui fasse d'elles une communauté de parties prenantes liées par un projet économique, et non plus des boîtes noires destinées à produire du *cash*. Cette révision doit avoir lieu au niveau national, bien sûr, mais aussi au niveau européen. Sans quoi il sera très facile, pour certaines entreprises, de bénéficier des arbitrages juridiques entre États, comme beaucoup le font aujourd'hui dans le domaine fiscal. Pour ce qui est de la Terre, des délégations de service public européen aux entreprises européennes clefs (en termes de consommation des ressources naturelles et d'émissions de GES) pourraient être accordées, conditionnellement aux pratiques vertueuses desdites entreprises.

Quelle autorité politique confédérale aurait en charge la gestion des communs monétaires et financiers ? Nous pourrions créer une *chambre budgétaire* de la zone euro qui réunirait les députés des commissions des finances et des affaires sociales des parlements nationaux et ceux du Parlement européen. Cette chambre prendrait ses décisions selon des règles de vote qui peuvent elles-mêmes être discutées, et aurait l'initiative législative. Une telle proposition n'est pas neuve : elle a déjà été faite, par exemple, par l'ancien député européen Jean-Louis Bourlanges. La Commission européenne (qui cumule actuellement l'initiative législative et, *de facto*, le pouvoir exécutif, alors qu'elle n'a aucun mandat démocratique) serait réduite à la fonction d'administration en charge de l'exécutif. La chambre budgétaire débattrait de manière transparente des engagements de chacun des pays membres de la zone euro, contrairement à ce que fait aujourd'hui le Conseil. Mais cette chambre budgétaire de la zone euro n'aurait aucun pouvoir sur des domaines réservés de la puissance publique (des biens publics, par opposition aux communs qui relèvent de sa compétence), notamment la protection sociale.

Notes

1. Odilon Maucour, « Désamorcer la guerre numérique », in Gaël Giraud et Cécile Renouard, *Vingt propositions pour réformer le capitalisme, op. cit.*

2. Ce que confirme le poids de la direction générale de la Concurrence au sein de la Commission européenne et la volonté de privatiser nombre de services (poste, télécom, chemin de fer, énergie ; demain les hôpitaux et l'école ?) partagée par tant d'économistes influents à Bruxelles, notamment le *think tank* Bruegel, que dirigeait M. Monti avant de se voir confier la direction du gouvernement italien.

3. Cette logique « concurrentielle » est modélisée par l'équilibre de Nash ou de Walras, cf. Gaël Giraud, *La Théorie des jeux, op. cit.*

4. Emmanuel Kant, *Fondements de la métaphysique des mœurs*, Paris, Librairie Hachette et Cie, 1915, p. 54.

5. Paul Ricœur, *Soi-même comme un autre*, Paris, Le Seuil, 1990.

6. Trad. TOB.

7. De manière intrigante, certains économistes aiment baptiser leurs théories en empruntant au vocabulaire théologique : on parle ainsi de « règle d'or budgétaire » ou « monétaire », de « divine coïncidence », etc.

8. John E. Roemer, « Kantian Allocations », document de travail n° 1582 de la Cowles Foundation for Research in Economics, Université de Yale, 2006.

9. Cf. Philip A. Curry et John E. Roemer, « Evolutionary Stability of Kantian Optimization », Mimeo, 2012.

10. Cf. Gaël Giraud et Cécile Renouard, *Vingt propositions pour réformer le capitalisme, op. cit.*, proposition 1.

11. Dont nous avons vu, chapitre 3, qu'elle est très ambivalente dans le contexte de marchés incomplets.

12. Cf. Gaël Giraud et Cécile Renouard, *Vingt propositions pour réformer le capitalisme, op. cit.*, proposition 2.

13. *Idem*, propositions 14 et 15.

14. Cf. Bruno Amable, « Les dangers du fédéralisme », *Libération*, 18 juin 2012.

15. Thomas Piketty, « Quel fédéralisme, et pour quoi faire ? », *Libération*, 2 juillet 2012.

16. Cf. Gaël Giraud et Cécile Renouard, *Vingt propositions pour réformer le capitalisme, op. cit.*, propositions 15 et 16.

Chapitre 10

LES CHANTIERS COMMUNS PRIORITAIRES

Il convient certainement de réglementer les marchés financiers pour y limiter les effets dévastateurs des taches solaires. Les détails de cette réglementation ont déjà été discutés en plusieurs endroits. Une petite partie de ce travail de remise en ordre a été entamée à l'échelle européenne, notamment pour ce qui concerne les CDS, la titrisation et la mise en place de chambres de compensation sur les marchés de gré à gré – preuve que la « mondialisation financière » est parfaitement réversible si nous en avons la volonté politique. Preuve que l'illusion financière peut être dissipée. Disons simplement qu'un principe directeur peut éclairer les débats qui tournent autour de la meilleure manière d'imposer à nouveau des règles là où, depuis plus de vingt ans, les autorités publiques se sont employées à abolir toute règle. Le meilleur moyen de limiter l'impact d'un tel cycle du levier est de pratiquer une politique de régulation *contracyclique*: rendre plus difficile l'endettement en période haussière et faciliter le désendettement en période baissière.

Une réglementation contracyclique des marchés financiers

L'un des exemples clefs de ce principe général concerne les règles prudentielles exigées par l'ensemble de normes baptisé Bâle III. Ces normes qui, si elles ne sont pas remises en cause, devraient s'appliquer aux banques de la zone euro avant la fin de l'année 2012, demandent notamment la mise en place d'un « coussin contracyclique », c'est-à-dire obligent les banques à passer des provisions supplémentaires lorsque le ciel (financier) est bleu. Un autre exemple auquel les autorités de supervision des marchés financiers pourraient songer concerne le taux d'intérêt court, piloté par la BCE. Plutôt que de ne considérer (officiellement, en tout cas) que l'inflation des biens de consommation courante, la BCE pourrait tenir compte de l'inflation sur le marché immobilier et, surtout, sur les marchés financiers. Malheureusement, dans la mesure où les taches solaires n'ont pas nécessairement de lien étroit avec la réalité économique, il peut fort bien exister un « découplage » entre l'évolution des marchés financiers et celle des biens de consommation : en cherchant à modérer le cycle du levier sur les premiers, la BCE pourrait être amenée à prendre des décisions qui entreraient en conflit avec ses objectifs concernant les marchés réels. Il faudrait alors envisager qu'elle puisse prodiguer des taux *différenciés* en fonction de l'usage que les banques commerciales feront de la monnaie qu'elle leur prête.

Enfin, plusieurs mesures pourraient être envisagées, qui limitent la privatisation de la liquidité des marchés financiers. Parmi celles-ci figure la mise en place de chambres de compensation sur l'ensemble des marchés européens de dérivés. Elle est aujourd'hui en bonne voie, grâce au règlement EMIR (European Market Infrastructure Regulation), voté par le Parlement européen en 2012. Bien sûr, pour que ces nouvelles chambres de compensation ne soient pas elles-mêmes « capturées » par des intérêts privés, il conviendrait qu'elles soient placées sous la tutelle des autorités de marché, et rémunérées par elles (*via* une taxe sur les transactions financières, par exemple), plutôt que par les investisseurs eux-mêmes. De même, la titrisation (cf. chap. 1) doit être sévèrement encadrée, par exemple en exigeant qu'une banque ne puisse titriser qu'au plus 90 % d'une créance. Des avancées en ce sens ont commencé à voir le jour en Europe [1].

Ces mesures réglementaires sont indispensables pour la stabilité macroéconomique de la zone euro car, sans elles, notre continent continuera de tanguer au rythme des taches solaires qui agitent les marchés financiers. Elles sont également indispensables pour le financement de la transition écologique. En effet, si la BCE crée de la monnaie interne pour financer cette transition (cf. chap. 8), il importe que cet afflux de monnaie ne migre pas derechef vers les marchés financiers, comme ce fut le cas de la manne monétaire créée, depuis quinze ans, par les principales banques centrales du bassin atlantique et de l'Est asiatique, et qui s'est réfugiée vers les placements les plus rémunérateurs en apparence. Autrement dit, il s'agit de limiter l'*illusion financière*, sans quoi l'argent, même fléché vers des investissements verts, quittera l'économie réelle dès qu'il repassera par les mains d'un investisseur plus intéressé par un rendement immédiat que par l'avenir de la planète.

La séparation des métiers bancaires

Un point mérite une mention spécifique, celui de la séparation des métiers bancaires, c'est-à-dire la mise en place d'une loi obligeant les banques commerciales à séparer par une cloison étanche, comptable et opérationnelle, les activités de crédit et de marché. Cette séparation a été demandée par le conseil pontifical « Justice et Paix », dans sa déclaration du 24 octobre 2011. Le candidat François Hollande a promis d'en faire voter la loi rapidement. Le Royaume-Uni est plus avancé que le continent européen sur ce point, et prépare une loi, inspirée par l'économiste John Vickers, pour isoler, d'ici à 2019, ces deux types d'activités. Les États-Unis, sans aller jusqu'à rétablir le Glass-Steagall Act (la loi de séparation bancaire adoptée en 1933, lors de la Grande Dépression, et abrogée par Bill Clinton en 1999), s'apprêtent à interdire la spéculation pour compte propre des banques, en application de la loi Volcker de 2010. À l'automne 2012, le rapport Liikanen a proposé, pour l'Europe, que chaque banque « mixte » (i.e., qui cumule les activités de marché et les activités commerciales) soit contrainte d'isoler dans une filiale ses activités de tenue de marché (*i.e.* les activités qui accompagnent la transmission en continu de prix d'achat et de vente pour certains actifs). Cela ne résout qu'une petite partie du problème : l'assureur AIG, alors le plus gros assureur du monde, a été mis en faillite par une minuscule filiale qui pesait moins de 3 % de son chiffre d'affaires. La raison ? Les effets de levier extravagants dont il a été question aux premiers chapitres de ce livre. Du moins le rapport Liikanen a-t-il le mérite de circonscrire les activités de tenue de marché comme telles.

La nécessité de ce cloisonnement étanche est facile à comprendre : il s'agit d'éviter que les opérations de marché, qu'elles soient spéculatives ou non, soumises au cycle du levier, traversées de taches solaires sans ancrage dans l'économie réelle, ne mettent en danger la capacité des banques à accorder des crédits et à entretenir la liquidité bancaire au service de l'économie réelle. Autrement dit, il s'agit très précisément de rendre impossible la privatisation du crédit et de la liquidité. En second lieu, il s'agit de sécuriser les dépôts des citoyens. Lorsqu'en effet les activités de marché d'une banque mixte mettent celle-ci en faillite, le département des dépôts est impacté. Certes, l'État garantit une partie des dépôts. Mais une *partie* seulement. En outre, à quel prix les finances publiques assumeront-elles cette garantie ? Lorsqu'une banque comme Dexia fait faillite, le contribuable se retrouve contraint de la recapitaliser. La situation serait bien plus dramatique s'il devait s'agir d'une mégabanque dont la taille de bilan est équivalente au PIB de la France, comme c'est le cas pour BNP Paribas. C'est la pointe extrême de la logique de privatisation des communs qui consiste à socialiser les pertes et privatiser les profits. Mais avant même la faillite bancaire, la paralysie de banques qui, parce que surendettées, sont incapables de faire face aux besoins de crédit du secteur industriel, est déjà un impact majeur de l'absence de cloisonnement. Ne fût-ce que pour ce dernier motif, la séparation est nécessaire. Enfin, quand bien même une banque mixte parviendrait à échapper aux krachs financiers qui, en moyenne, ravagent les marchés tous les quatre ans, par son simple fonctionnement, elle utilise les liquidités fournies par ses dépôts pour créer de la monnaie en direction des marchés financiers. Compte tenu de tout ce que nous savons à présent, n'est-il pas légitime que le citoyen refuse que son épargne serve au financement des marchés ? La scission des banques en deux entités distinctes, celle qu'avait réalisée Roosevelt en 1933, permet d'assurer que les dépôts des citoyens sont utilisés exclusivement pour le financement de l'économie réelle.

Les banques européennes, françaises en particulier, sont vent debout contre cette réforme. Plusieurs arguments ont été avancés pour en contester la pertinence.

Le premier consiste à prétendre que le cloisonnement serait déjà réalisé *de facto*. Point ne serait besoin de légiférer sur une prudence que, bien sûr, les banques mettraient déjà en pratique. « Vous ne croyez tout de même pas que nous jouons avec l'argent des petits déposants, n'est-ce pas ? » En réalité, comme le rappelait Jean Peyrelevade, patron de la banque Leonardo France et ancien président du Crédit lyonnais, l'argent est totalement fongible entre dépôts et activités de marché : « Il n'existe pas de muraille de Chine au sein des banques [...]. La banque de dépôts émet de la monnaie, un bien public. Elle ne doit pas être exposée à des activités de marché volatiles [2] », explique-t-il à juste titre. On notera qu'en France, Jean Peyrelevade et Gilles de Margerie, l'ancien directeur financier du Crédit agricole (qui a rejoint le cabinet d'experts financiers Ricol Lasteyrie), plaident tous deux en faveur de la séparation bancaire.

Le deuxième argument invoqué contre la ségrégation est de nature historique : ce sont de pures banques d'investissement qui ont provoqué la crise des crédits *subprime*, et non pas des banques mixtes. Pourquoi vouloir supprimer ces dernières ? Les travaux académiques menés sur les cent dernières années, dont ceux de l'Américain Ross Levine dans les années 1990, n'ont pas établi de lien entre la séparation des activités bancaires et la stabilité du système financier. En outre, les quatre dernières années auraient démontré que les banques mixtes ne résistent ni mieux ni moins bien que les banques spécialisées. De fait, les faillites ont concerné aussi bien de pures banques de crédit (Northern Rock) que des banques d'investissement (Lehman Brothers, Merrill Lynch). Enfin, en France en particulier, ce sont les bons résultats des banques de dépôt qui ont compensé la chute des activités de marché.

Séparer les métiers bancaires conduirait donc à priver les banques d'investissement d'un soutien précieux en cas de retournement du cycle du levier, sans garantir pour autant que d'ôter ce parachute réduira l'instabilité financière.

À cette deuxième objection, il convient de répondre que, parmi les différentes banques mixtes habituellement citées en exemple il y a peu, JPMorgan accuse une perte de 5 milliards, Santander ne doit sa survie qu'aux profits générés par l'Amérique latine, profits eux-mêmes rendus très fragiles par les excès de l'endettement privé qui menacent également ce continent d'explosion financière ; et Dexia pourrait coûter au contribuable jusqu'à 85 milliards d'euros. Surtout, il faut rappeler que l'objectif n'est justement *pas* de sauver le département marché des banques mixtes : il est de sauver le contribuable, et nul autre. Que le développement de banques mixtes n'ait pas provoqué un surcroît d'instabilité financière est une bonne nouvelle... qui trahit justement l'absence de muraille de Chine, et le risque considérable auquel les millions de déposants français sont exposés. Mettons-nous des ceintures de sécurité dans l'espoir de diminuer le nombre d'accidents de la route ? Non, mais afin de limiter les dégâts *en cas d'accident*. L'objection consistant à faire valoir que les banques mixtes n'ont pas provoqué plus de dommages que les banques d'investissement revient à souligner que le port de la ceinture ne diminue pas le nombre d'accidents. Peut-être. En revanche, il diminue la gravité des accidents, et c'est cela qui importe.

La rente bancaire

Paradoxalement, le troisième argument est l'exact contraire du premier : le cloisonnement serait impossible à mettre en œuvre *in concreto*, tant les interrelations entre les deux métiers seraient devenues complexes, et donc impossibles à dénouer. En privant les banques commerciales des liquidités apportées par les activités de marché du département investissement, la séparation pénaliserait le crédit. Par exemple, les activités de marché servent, notamment, à transformer le refinancement des banques à taux variable en crédits à taux fixe pour les particuliers. Moins d'activités de marché reliées aux activités de crédit voudrait donc dire moins de crédit à taux fixe pour les particuliers. Cet argument est peut-être le plus important : il trahit le fantasme qui habite nos sociétés depuis quatre décennies, et qui accompagne leur fascination pour les marchés financiers.

Ce fantasme, c'est celui que les marchés pourront financer non seulement les grands groupes industriels (ce qu'ils sont censés faire via les banques de marché) mais aussi les particuliers et les PME (dont s'occupent les banques commerciales traditionnelles). L'outil qui était censé rendre possible ce fantasme, c'est la titrisation. En effet, en réunissant des centaines de titres de créances dans un mille-feuille (cf. chap. 1), la titrisation nourrissait l'illusion qu'il serait possible de vendre ces titres de créance (et donc de financer les institutions de crédit qui ont prêté aux débiteurs) dans la mesure où elle dispensait les investisseurs d'avoir à étudier la solvabilité des emprunteurs. La dilution du risque, croyait-on, permettrait de prêter à M. Dupont sans que jamais l'investisseur, en bout de chaîne, ait eu connaissance de M. Dupont. En répartissant ses œufs dans les paniers de centaines, voire de milliers de Messieurs Dupont, ledit investisseur n'était-il pas assuré contre le risque de les perdre ? Nous avons vu au chapitre 1 que, non seulement la titrisation ne protège pas contre le risque de crédit, mais que, faute d'avoir été convenablement régulée, elle a même contribué à répandre ce risque de manière incontrôlée sur l'ensemble de la planète. Aujourd'hui, par conséquent, il est faux de prétendre que ce sont les marchés financiers qui financent les activités des banques de commerce traditionnelles. La titrisation dérégulée y a échoué. Peut-être une titrisation très fortement régulée, dans des marchés eux-mêmes réglementés, permettrait-elle de remplir la fonction qui a été rêvée pour elle. Mais, pour l'instant, nous en sommes encore très loin. En outre, quoi qu'il en soit, il devrait être clair que la réglementation ne fera pas disparaître le phénomène *constitutif* des tâches solaires et l'inefficience des marchés. Tout au plus permettra-t-elle d'en limiter les dégâts. Le financement de l'économie par les marchés reste donc un fantasme et la scission des banques, une nécessité impérative.

Une variante de l'argument précédent fait valoir que la séparation impliquerait une perte de la garantie d'État implicite pour la banque d'investissement, susceptible de se traduire par une dégradation de plusieurs niveaux (deux au moins) du *rating* de la banque d'investissement. Ce qui signifie que la banque se refinancera à un coût plus élevé. Comme le crédit immobilier est un produit d'appel avec des marges très faibles, les banques seront « *obligées* » de répercuter cette hausse sur le client. Cette hausse des coûts de refinancement due à la perte de la garantie implicite de l'État augmenterait de façon similaire les taux des crédits aux entreprises. Une fois de plus, ce troisième argumentaire repose sur le postulat que, face à l'adversité, il est exclu de diminuer les exigences de rendement sur capital des banques, de sorte que leurs clients (et non leurs dirigeants et leurs actionnaires) feront nécessairement les frais de toute modification réglementaire. Or on peut retourner entièrement l'argument : la mixité bancaire permet-elle aux banques d'investissement de bénéficier de la garantie de l'État (destinée à préserver les dépôts des épargnants) ? C'est exact. Cette garantie fait *gagner* aux moins deux niveaux de *rating* aux banques et leur permet, par conséquent, de se refinancer à moindre coût. Traiter le crédit et la liquidité comme des communs implique, on l'a vu, de refuser leur privatisation et, par conséquent, de faire payer par les actionnaires des banques la rente induite par la garantie d'État. Pourquoi, en effet, les profits des banques devraient-ils être distribués à leurs actionnaires et leurs pertes assumées par les contribuables ? Aujourd'hui, les excédents bancaires sont essentiellement affectés à la rémunération du capital, soit *via* les dividendes, soit par affectation aux réserves. Le paiement de la rente pourrait s'effectuer par affectation obligatoire d'une partie du résultat dans un fonds européen de garantie.

Comment mesurer le montant de cette rente ? Il suffit de comparer le taux auquel emprunte une grande banque bénéficiant de la garantie de l'État avec celui auquel se finance une plus petite banque qui ne bénéficie pas de cette garantie. La New Economics Foundation estime à 52 milliards d'euros pour les banques britanniques le montant de la rente moyenne qu'elles perçoivent *chaque année* grâce à la garantie de l'État ; 48 milliards pour les banques françaises et 32 pour les allemandes[3]. Pour les grandes banques françaises, la subvention est estimée à plus de 6 milliards d'euros pour BNP Paribas, 12 milliards pour le Crédit agricole, 5 milliards pour la

Société générale, 24 milliards pour le groupe BPCE. Ces montants astronomiques sont à comparer aux 18 milliards de profits réalisés en moyenne chaque année entre 2005 et 2010 par les trois premiers établissements (BPCE a été déficitaire sur la période) et aux 11 milliards d'impôts (sur le revenu et sur la production) acquittés en 2010 par l'ensemble des banques françaises.

La loi bancaire française

Le 18 juillet dernier, le Parlement a adopté la loi dite de « séparation et de régulation des activités bancaires », initiée par le ministre Pierre Moscovici et défendue par Karine Berger, députée PS et rapporteure du projet de loi. Dans un communiqué de presse, cette dernière affirme que « cinq ans après le début de la crise économique et financière, il était plus que temps de remettre la finance au service de l'économie réelle. La France vient de se munir d'une loi qui sera un instrument puissant au service de cet objectif ». En effet, « afin de protéger les dépôts et de limiter le risque systémique, la loi prévoit d'isoler les activités spéculatives dans des filiales *ad hoc* aussi étanches que si elles étaient des établissements distincts ».

Ces allégations sont mensongères. L'intention initiale de la loi – séparer les activités des banques de marché de celles dévolues aux banques de crédit-dépôt – est excellente, urgente, vitale, comme nous avons essayé de le faire valoir plus haut. Mais *cette* loi, la loi française, n'oblige les banques à filialiser qu'une part ridicule de leurs activités de marché : entre 0,5 et 1,5 %, selon les banques et les modes d'estimation, là où l'application du rapport européen Liikanen conduirait à isoler plus de 13 % des mêmes activités. La filialisation elle-même ne protège en rien la maison mère : AIG, comme nous l'avons dit plus haut, a été mis en faillite par une micro-filiale qui pesait moins de 3 % de son chiffre d'affaires. Contrairement à ce qui a été répété, aucun seuil légal ne fournit de plafond infranchissable sur les engagements des fonds propres de la maison mère vis-à-vis de ses filiales. En cas de détresse exceptionnelle, la maison mère est autorisée par le droit français à franchir le plafond des 10 % d'engagement sur ses fonds propres pour sauver une filiale. Enfin, l'essentiel des activités spéculatives dangereuses (*trading* haute fréquence, commerce avec les *hedge funds*, *trading* pour compte propre) est conservé dans la maison mère.

Pire, la fusion du fonds de garantie des dépôts (des Français) avec le fonds de résolution bancaire ordonnée par la loi française implique qu'il sera désormais possible de piocher dans le premier pour voler au secours d'une banque ou d'un *hedge fund* en difficulté. Concrètement, le dernier verrou qui protégeait (un peu) les dépôts des Français a sauté : en cas de catastrophe bancaire, les dépôts des Français ne seront « assurés » (à hauteur de 100 000 €) que grâce aux... contribuables français.

En outre, la loi française (suivie de près par la loi allemande, presque aussi vide que la nôtre, à ceci près que les Allemands pénalisent tout de même les erreurs des banquiers) indique désormais au commissaire européen, Michel Barnier, en charge de la directive européenne sur la scission bancaire, le Rubicon à ne pas franchir.

Quant aux avancées effectives de la loi sur la transparence bancaire et sur la protection des clients des banques, ce sont des concessions mineures consenties pour « faire avaler » l'essentiel.

Beaucoup de parlementaires ont voté ce texte par ignorance d'un sujet réputé technique ; d'autres, par posture idéologique («ce qui est bon pour les banques est bon pour la France») ; certains (anciens et futurs salariés de banques et d'assurances), par complaisance à l'égard de leurs potentiels employeurs ; la plupart, par discipline de parti, les consignes de l'UMP et du PS ayant été très strictes... Plusieurs regrettent déjà leur erreur. Leur tâche a été rendue particulièrement difficile par le fait que, durant les mois de janvier et de février qui ont précédé la discussion à l'Assemblée du projet de loi en première lecture, nos députés ont eu à débattre de la loi sur le mariage pour tous. Une question qui a saturé l'espace médiatique de discussion. Pourquoi un député devrait-il s'atteler à la tâche aride d'essayer de comprendre un projet de loi complexe sur la séparation bancaire, dont presque personne n'a entendu parler dans le grand public, pendant qu'un million d'individus défilent – à tort ou à raison, peu importe ici – contre le «mariage pour tous»? Surtout s'il s'est laissé convaincre par l'excellente campagne médiatique de la Fédération française des banques que les banques françaises sont en bonne santé et n'ont rien coûté au contribuable français. La discussion en première lecture du projet de loi bancaire a duré 48 heures...

Avec Laurence Scialom (professeure à Nanterre), j'ai publié au printemps 2013 une note Terra Nova[4] dénonçant les méfaits de ce projet de loi bancaire. Le lendemain même, Bercy exigeait le retrait de la note. Heureusement, Terra Nova a résisté. Éloquente illustration d'une démocratie sous contrôle... bancaire. Quoi d'étonnant, dès lors, si Moscovici fait déjà marche arrière sur le projet de taxe sur les transactions financières ?

Dexia a déjà coûté 12 milliards d'euros aux contribuables français et belges. L'État français a immobilisé environ 80 milliards supplémentaires de garanties publiques pour sauver cette banque, tandis qu'un nombre non négligeable de collectivités territoriales françaises sont au bord de la faillite « grâce » aux actifs toxiques que Dexia leur a vendus à prix d'or. Le Crédit agricole accusait l'an dernier 6 milliards de pertes. La Société générale a déjà coûté 12 milliards au contribuable américain. Selon les calculs du « prix Nobel » Robert Engle, les 4 premières banques françaises font partie des 8 banques européennes les plus exposées à la faillite. Aucune d'entre elles ne figure dans la liste des 50 banques les plus sûres du monde – en revanche, on trouve dans cette liste le Crédit mutuel et la Banque postale...

Il ne fait aucun doute à mes yeux que la France, comme le reste du monde, reviendra tôt ou tard à la scission bancaire pour laquelle, en ce moment même, luttent des parlementaires américains, anglais, d'Europe continentale, et tant d'ONG. Une séparation qui, des années trente au début des années quatre-vingt-dix, nous a valu soixante années *sans la moindre crise bancaire*. Mais le *lobby* bancaire français semble tellement puissant qu'il faudra peut-être une autre faillite, après celle de Dexia, pour que le politique ose, enfin, faire preuve de courage. À moins que les actionnaires des banques ne le précèdent : les actions bancaires, même françaises, ont perdu beaucoup de valeur depuis 2008 car les « marchés » savent bien, eux, que nos banques sont extrêmement fragiles. D'autant que nos « champions » viennent de renouer avec leurs mauvaises habitudes consistant à emprunter à court terme auprès de Sicav monétaires américaines, lesquelles retireront leur liquidité au prochain frémissement de crise européenne, tout comme durant l'été 2011. Nos banques n'ont-elles décidément rien appris de la crise ? Rien, en effet. Pourquoi apprendraient-elles quoi que ce soit ? Le contribuable français paiera la note quoi qu'il arrive. Car, soyons-en sûrs, en dépit du projet d'Union bancaire européenne, jamais les banques allemandes, ni *a fortiori* le contribuable d'outre-rhin, ne paieront pour sauver une banque française.

Le gigantisme bancaire

Depuis le 1er janvier 2011, les grandes banques françaises s'acquittent d'une taxe sur le risque systémique, laquelle a été doublée par le collectif budgétaire annoncé en juillet 2012. Or, en 2011, selon l'Agence économique et financière (Agefi), le montant de cette taxe n'a été que de 246 millions d'euros pour BNP Paribas, 130 millions d'euros pour la Société générale, 133 millions d'euros pour le Crédit agricole et 155 millions pour le groupe BPCE. Des sommes *dérisoires*, comparées à ce que rapporte à ces mêmes banques le fait que les contribuables puissent être contraints, à tout moment, de devoir les renflouer. L'actuelle taxe sur le risque systémique pourrait donc être multipliée par 20 dans l'optique d'une prise au sérieux du crédit et de la liquidité en tant que communs. Cela fera chuter le rendement des actions bancaires ? Qu'une banque puisse afficher un rendement sur fonds propres de 15 % par an (25 % dans le cas de BNP Paribas en 2007) dans une économie dont le taux de croissance moyen sur la décennie 2000 est de 0,8 % est un non-sens. Aujourd'hui, ce rendement est « tombé » à 8 ou 9 %. Autrement dit, il est toujours dix fois supérieur à la croissance de l'économie réelle. Un non-sens.

Les banques qui voudront échapper à cette taxe pourront fort bien choisir de réduire suffisamment leur taille pour que, ne présentant plus de réel risque systémique, elles ne jouissent plus de la garantie d'État et soient donc exemptées de cette taxe. A-t-on apporté la preuve du fait que le gigantisme bancaire diminuait l'inefficience de leurs opérations de marché ? Le bilan de BNP Paribas était de 2 240 milliards d'euros fin 2010 – supérieur, donc, au PIB français. Le bilan de la première banque française a connu une augmentation de 34 % entre 2007 et 2010, en plein *krach* des crédits *subprime*. Pourquoi cette course au gigantisme ? Deux points sont sûrs : la taille décuple la capacité de création monétaire ; en outre, plus le baigneur pèse lourd, moins son éventuel sauveteur (les contribuables) ne peut se permettre de le courroucer...

Par contraste, la ségrégation des métiers bancaires contraindrait le département marchés de certaines banques mixtes à retrouver une taille qu'elles n'ont pu démultiplier que grâce aux dépôts des épargnants. Ainsi, avant la fusion avec l'extraordinaire réseau de guichets de la BNP, Paribas était-elle une *petite* banque d'affaires. De taille plus modeste, les banques d'investissement européennes ne pourraient plus rivaliser avec les géants américains que sont JPMorgan ou Goldman Sachs, qui, elles, sont déjà de pures banques d'investissement. Question : avons-nous besoin, en Europe, de ces mégabanques internationales dont la taille de bilan est supérieure à celle d'un État comme la France, et que l'Europe entière sera *condamnée* à devoir recapitaliser si elle devait connaître un revers de fortune ? Nous l'avons vu au chapitre 3, l'utilité sociale des activités de marché est sujette à caution. En revanche, la menace que représentent ces banques *too big to fail*, elle, ne fait aucun doute. Le choix politique devrait donc être facile à prendre...

Conclusion : en nous inspirant de la réforme Vickers menée en Grande-Bretagne et du rapport Liikanen, nous pourrions séparer les activités bancaires tout en basculant dans la banque de détail ou commerciale la gestion des grandes entreprises. Il y a moins d'une génération, ces grandes entreprises étaient fort bien traitées dans la banque commerciale. Bien entendu, la sanctuarisation des banques commerciales devra s'accompagner de l'interdiction, pour elles, de se retrouver dans un même groupe qu'une banque d'investissement. Car même une gouvernance distincte ne pourrait endiguer un effet de contagion au sein du même groupe. Dans le même temps, en nous inspirant de la réforme Volcker menée aux États-Unis, l'Europe pourrait interdire à toutes les banques commerciales « scindées » de faire du compte propre spéculatif. Seules les transactions adossées à des opérations économiques réelles pour le compte de leurs clients seraient autorisées (en particulier celles qui peuvent contribuer à la transition écologique), ce qui n'exclut bien évidemment pas les opérations de couverture des différents risques bancaires – selon la définition usuelle des opérations de couverture, et non celle mise en œuvre par JPMorgan. En outre, il conviendrait d'interdire purement et simplement aux banques d'investissement la collecte des dépôts.

Séparer les activités implique de redessiner les contours de la banque commerciale : activités de crédit, collecte des dépôts, activité de marché pour les stricts besoins de la couverture ou de la gestion des risques bancaires. Le crédit aux (grandes) entreprises, la gestion d'actifs et les financements structurés (d'actifs et de projets) pourraient rester dans les banques de marché. Le métier traditionnel de banquier d'affaires (conseiller des grandes entreprises et des États, organisateur des grandes opérations financières telles qu'un grand emprunt ou un renforcement des fonds propres, ainsi que les prises de participation au capital de grandes entreprises industrielles ou de services) s'en trouverait renforcé, car débarrassé de tout ce qui, aujourd'hui, l'a dévoyé [5]. De ces activités, en effet, il ne reste plus grand-chose au sein des banques d'investissement actuelles, dopées à la titrisation et aux opérations de hors-bilan, aux raids financiers contre les entreprises cotées (le *private equity*) ou encore aux paris du type « pile, je gagne ; face, tu perds » (cf. le rôle des CDS, chap. 2 et 3).

Las, le projet de loi présenté au Conseil des ministres le 19 décembre 2012, et discuté au Parlement en février 2013, représente une reculade par rapport à toutes les tentatives de scission existantes : il est plus faible que Vickers, Volcker et Liikanen [6].

Enfin, il serait prudent d'interdire le pantouflage de la haute fonction publique dans les banques privées et de supprimer la mobilité, sauf mission d'intérêt public pour le compte de l'État. Il n'est que trop clair, en effet, que la mansuétude, de certains régulateurs, hauts fonctionnaires de Bercy et de l'Inspection générale des finances et de certains politiques à l'égard du secteur bancaire trouve une partie de son explication dans le conflit d'intérêts qui se loge au sein de la possibilité même du pantouflage : tant que cette possibilité ne sera pas supprimée, tout haut fonctionnaire appelé à se prononcer sur la réforme bancaire restera le potentiel futur salarié d'une banque privée, tenté de se montrer clément à l'égard de ses futurs employeurs [7]. En outre, il est urgent de renforcer le nombre et la qualité des équipes en charge de la régulation publique des marchés – et cela passe aussi par le fait que notre fonction publique garde ses meilleurs éléments.

Réglementer le secteur financier européen

Autant de dispositions qui peuvent être adoptées à l'intérieur du périmètre national, même s'il est évident qu'elles auront infiniment plus de sens à l'échelon européen. En effet, adoptée uniquement à l'échelle nationale, la loi ne s'appliquerait pas aux succursales étrangères des banques nationales. Au niveau continental, il serait urgent d'effectuer une revue scrupuleuse des liens de l'industrie bancaire avec les paradis fiscaux *off shore*, mais aussi avec la Suisse, le Luxembourg, Monaco, etc. L'inspection d'une chambre de compensation comme Clearstream, à Bruxelles, ou Euroclear, à Luxembourg, devrait également se révéler riche d'enseignements sur les transferts financiers illicites [8]. Le manque à gagner pour les finances publiques françaises dû à l'évasion fiscale organisée par les banques a été évalué par la Cour des comptes à 30 milliards d'euros par an. Or, *sans la complicité d'une banque, l'évasion fiscale est tout simplement impossible.* En 2009, les banques françaises disposaient de 460 filiales dans les paradis fiscaux. BNP Paribas en possède 189 à elle seule... La moitié des profits de la Société générale dans le monde sont localisés au Luxembourg [9].

Par-delà la question des paradis fiscaux, les règles prudentielles de Bâle III devraient être non seulement appliquées le plus rapidement possible [10] mais encore étendues à l'ensemble des acteurs financiers du *shadow banking*. En effet, on aura compris au terme du chapitre 5 qu'en réalité il n'y a pas de différence de nature entre ces diverses institutions, seulement des différences de degré.

La supervision renforcée au plan européen du secteur bancaire devrait pouvoir être confiée à la BCE, comme c'est déjà le cas, mais à une BCE replacée sous contrôle démocratique, c'est-à-dire dont le président serait nommé par la chambre européenne économique (cf. chap. 9) et qui aurait à rendre des comptes sur ses décisions auprès de cette même chambre. Une BCE, surtout, dont le mandat serait révisé, de manière à lui fixer comme priorité le financement de la transition écologique et l'emploi – et non plus la lutte contre l'inflation.

La directive concernant les marchés d'instruments financiers (MIF), devenue effective en 2007, pourrait être non seulement réformée (comme cela est, heureusement, déjà en cours) mais tout simplement abolie. Au nom de l'extension de la concurrence, non seulement entre acteurs, mais encore entre marchés, cette directive a autorisé la naissance et le développement de nouveaux « monstres » que sont les plateformes multilatérales de transactions (les *dark pools*) dont les banques sont propriétaires. Abolir la directive MIF signifierait l'interdiction pure et simple des *dark pools* en Europe [11]. La préservation de la monnaie comme commun n'exige-t-elle pas, en effet, que la collectivité puisse avoir un droit de regard sur toutes les activités financières et sur les règles qui y président ?

Enfin, le *trading* à haute fréquence, cet ensemble de techniques algorithmiques de transactions ultrarapides, pourrait être interdit, ou simplement rendu inopérant en exigeant, par exemple, un délai minimal d'une seconde entre deux exécutions d'ordre [12]. L'argument usuel qui légitime ces opérations financières effectuées à la microseconde est qu'elles garantissent la liquidité des marchés. En réalité, nous avons déjà vu que les acteurs privés sont incapables de garantir la liquidité d'un marché : au moindre avis de tempête, ils désertent le pont pour préserver leurs intérêts – ce qui est compréhensible. Ils sont donc à la liquidité ce que sont à la pluie des parapluies qui ne s'ouvrent que lorsqu'il fait beau... Quant à prétendre que, même par beau temps, il est socialement « utile » de gonfler le volume des transactions ou d'accélérer leur vitesse, rien n'est plus suspect. L'achat ou la vente d'un actif financier plusieurs centaines de milliers de fois par seconde a-t-il quelque relation que ce soit avec la réalité économique ? Plutôt que d'amplifier l'impact des taches solaires (cf. chap. 3) en augmentant l'amplitude possible des mouvements erratiques des prix, il convient de réduire autant que possible leur effet perturbateur.

Bâle III

Enfin, une véritable réflexion mérite d'être engagée autour du ratio de levier des banques. De quoi s'agit-il ? Du ratio entre les fonds propres et l'actif total de la banque. Ce ratio mesure la profondeur du tapis (les fonds propres) sur lequel repose l'édifice des actifs bancaires : plus le tapis est profond, mieux il sera à même d'amortir les chocs susceptibles d'affecter l'édifice. Mais s'il est trop épais, bien sûr, il coûtera trop cher à la banque comparativement au volume de ses engagements. Quelle est la bonne épaisseur ? Les règles prudentielles de Bâle III divisent le problème en deux en s'intéressant à deux types de ratios : le premier n'est autre que celui qu'on vient de décrire, et il est fixé à 3 %. Le second est le quotient entre ses fonds propres et une moyenne pondérée des actifs de la banque ; il est fixé à 7 %. La plupart des banques françaises sont maintenant plus ou moins « en règle » avec ces exigences, comme le montre le graphique 9.

Graphique 9. Composition du bilan agrégé du système bancaire français au 31/12/2012

(en Md€ ; 8 822 Md€ au total)

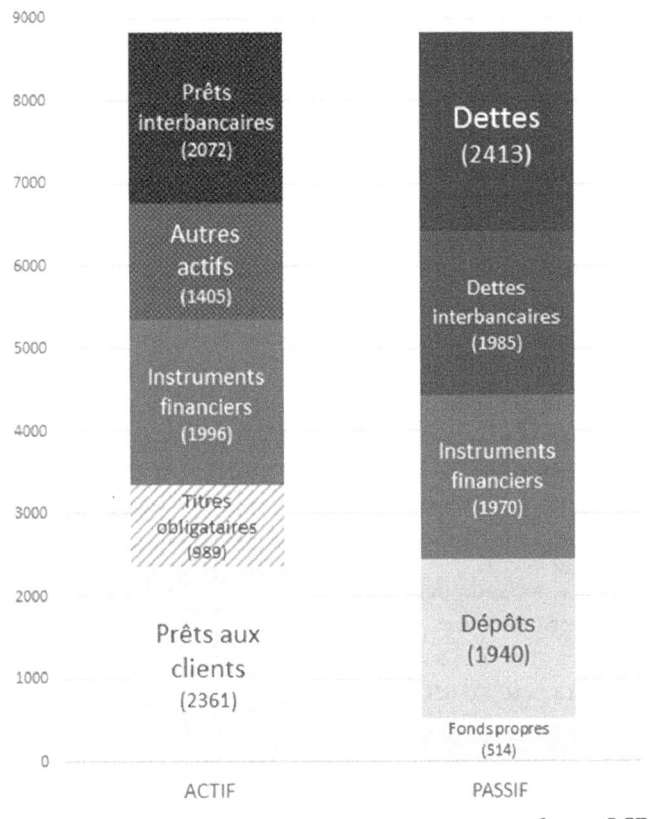

ACTIF	PASSIF
Prêts interbancaires (2072)	Dettes (2413)
Autres actifs (1405)	Dettes interbancaires (1985)
Instruments financiers (1996)	Instruments financiers (1970)
Titres obligataires (989)	Dépôts (1940)
Prêts aux clients (2361)	Fonds propres (514)

Source : BCE

La question qui demeure posée, néanmoins, est celle de savoir si ces exigences sont suffisantes. L'épaisseur du « tapis » des fonds propres, tout en bas de la colonne du passif, ne peut qu'alerter le bon sens. Or le ratio de solvabilité souffre, de fait, de graves déficiences. La première d'entre elles est la complexité du calcul de son dénominateur : le choix des pondérations des risques qui affectent les différentes parties du bilan d'une banque est laissé en grande partie à l'arbitraire du modèle d'évaluation des risques établi par les services internes de la banque. Non qu'il faille soupçonner cette dernière d'évaluer ses risques au moyen de modèles arbitraires, mais parce qu'il y a fort à parier que la plupart des banques vont ajuster leur modèle de manière à sauter l'obstacle plus facilement plutôt que d'ajuster leurs fonds propres. C'est un peu comme si un athlète de saut en hauteur pouvait choisir l'unité de mesure de la hauteur à laquelle on placera la barre... S'il choisit une métrique outrageusement petite, cela ne se verra-t-il donc pas ? En réalité, les modèles d'évaluation du risque actuellement utilisés sont si complexes, et reposent sur un si grand nombre de paramètres, qu'il est presque impossible, en pratique, au superviseur de contester les modèles internes des banques. Nous retrouvons ici le problème du mensonge structurel déjà évoqué *supra*.

La seconde déficience qui fait du ratio de solvabilité un instrument très imparfait est qu'il compare des fonds propres avec une mesure qui s'apparente à la moyenne *ex ante* des pertes d'actifs pondérée par le risque d'occurrence de la perte. Quand bien même il serait raisonnablement facile de mesurer ces risques (ce qui, on vient de le voir, n'est pas le cas), resterait encore un problème majeur. Pour le comprendre, prenons une métaphore : considérons un centre de transfusion sanguine (le sang, c'est le capital nécessaire en cas de détresse). Admettons, pour simplifier, qu'il faille 5 litres par personne à chaque fois qu'une transfusion doit être effectuée et qu'en moyenne, il faille effectuer 100 transfusions par mois. Quelle quantité de sang faut-il prévoir ? Il peut sembler logique, *a priori*, de stocker 500 litres. Supposons, toutefois, que cette moyenne de 100 transfusions découle de la distribution aléatoire suivante : avec une chance sur deux, personne ne viendra se faire transfuser, et avec une chance sur deux, 200 personnes viendront. À l'évidence, il serait bien plus raisonnable de conserver 1 000 litres de sang, même si cela coûte évidemment plus cher. Sans quoi notre établissement de transfusion sanguine a tout simplement une chance sur deux d'être à court (*i.e.* de faire faillite), même si, en ne conservant que 500 litres, il vérifie le critère de prudence *ex ante*. *Mutatis mutandis*, il en va à peu près de même avec le ratio de solvabilité bancaire : il s'appuie sur un calcul des besoins en fonds propres *ex ante*, lesquels sont estimés d'autant plus faibles que la probabilité d'un sinistre est peu élevée. En réalité, le véritable besoin est celui qui se révèle *en cas de sinistre*, et c'est à ce besoin-là qu'il faut qu'une banque puisse faire face.

Nous devons à l'exactitude d'ajouter que les règles de Bâle III, tout comme celles de Bâle II (2004), introduisent tout de même des critères de pondération. Tout n'est donc pas laissé à l'arbitraire des ingénieurs qui travaillent dans les banques. Mais ces directives sont elles-mêmes calamiteuses, dans la mesure où elles incitent à sous-pondérer les actifs bien notés par les agences de notation et à surpondérer les autres. Pourtant, nous avons vu à quel point il est difficile aujourd'hui d'accorder du crédit aux notes distribuées par les agences de notation traditionnelles, essentiellement du fait du conflit d'intérêts majeur qui mine leur travail. Celles-ci ne s'en trouvent pas moins replacées par le régulateur suisse au centre de l'industrie bancaire, au cœur de la machine à allouer du crédit. Pourquoi? Parce que les banques vont évidemment – et qui leur en fera grief? – privilégier le crédit qui leur permet d'afficher au bilan des actifs peu consommateurs de capital. Parmi ceux-ci, les actifs bien notés par les agences figurent au premier rang. Une seule exception à cela, la pire peut-être : les dettes souveraines. Le risque qui leur est associé est explicitement sous-évalué de manière à inciter les banques à acheter des titres de dette publique. On comprend le souci du régulateur, qui a en vue, bien sûr, la situation européenne. De fait, l'incitation a fonctionné et de nombreuses banques espagnoles et italiennes ont acheté la dette publique de leur pays. Qui ne reconnaît ici, cependant, le problème de la double noyade dont il a déjà été question? En favorisant les dettes souveraines, les règles prudentielles de Bâle III inscrivent de nouveau au cœur de la machine à fabriquer du crédit le lien mortel entre finance privée et finance publique qu'il convient pourtant à tout prix de défaire. Si, du moins, nous cherchons une sortie par le haut à l'impasse européenne actuelle.

Plusieurs économistes font donc valoir depuis plusieurs années qu'il serait grand temps d'augmenter le ratio de levier comme tel. Plus simple à calculer, sa définition ne prête pas à des débats d'experts sans fin. Surtout, ce ratio tournait autour de 50 % au XIXe siècle ; il était compris entre 20 et 30 % au début du XXe siècle. Et ce n'est qu'à la faveur de la dérégulation financière des années 1980 qu'il a chuté à l'étiage que nous lui connaissons aujourd'hui : celui de Deutsche Bank, par exemple, n'est probablement même pas à 3 % ; celui des banques françaises est en moyenne autour de 5 %. Or les marchés financiers ont perdu jusqu'à 25 % de leur valeur en 2008. Ce qui signifie qu'en l'état actuel, les grandes banques européennes ne sont pas davantage capables de faire face à un nouveau *krach* qu'elles ne l'ont été en 2008.

Les banques européennes s'emploient avec la dernière énergie à convaincre les régulateurs de tout poil qu'il serait suicidaire d'exiger d'elles qu'elles renforcent davantage leurs fonds propres. Elles avancent pour cela deux arguments convergents : *primo*, cela leur reviendrait tellement cher d'avoir à consolider leurs fonds propres qu'elles réduiraient encore plus l'encours de leur crédit à l'économie réelle ; *secundo*, si elles doivent renforcer leurs fonds propres alors que leurs concurrentes nord-américaines n'y sont pas contraintes, cette distorsion de concurrence jouera en leur défaveur, et fera de l'Europe un boulevard ouvert à la concurrence.

Aucun de ces arguments n'est véritablement recevable : le ratio de levier des grandes entreprises industrielles non bancaires est nettement supérieur à celui des banques. Pourtant, le capital ne leur coûte *a priori* ni plus, ni moins cher qu'aux banques. Pourquoi ce que font les multinationales industrielles serait-il soudain impossible à réaliser pour les banques ? La vérité se trouve sans doute dans le fait que la fiscalité du paiement des intérêts de la dette est bien plus avantageuse pour une banque. Ensuite, le chantage consistant à menacer de devoir réduire le financement de l'économie réelle si le régulateur osait prendre des mesures qui n'ont pas l'heur de plaire aux banques n'est pas acceptable. Pour une raison de fond, martelée par plusieurs économistes à juste titre [13] : les fonds propres ne sont nullement de l'argent immobilisé qu'une banque serait condamnée à laisser dormir sous un matelas ! Ils s'inscrivent au passif du bilan bancaire (car ils sont une dette de la banque vis-à-vis de ses actionnaires) et constituent une ressource disponible. Prétendre qu'un accroissement de fonds propres induirait, comme tel, un assèchement des ressources pour la banque concernée relève littéralement du non-sens.

Par ailleurs, l'encours du crédit accordé à l'économie réelle (entreprises et ménages) diminue déjà : il s'effondre en valeur absolue à l'échelle de la zone euro depuis fin 2011. Et, depuis le printemps 2011, il décélère considérablement en France, pour ne plus augmenter que de quelques centaines de millions d'euros par mois depuis l'été 2013 : une misère pour une économie dont le PIB tourne autour de 2 000 milliards d'euros [14]. Quelle que soit l'origine de ce *credit crunch*, sa réalité ne fait pas de doute et ôte une bonne part de sa force au chantage bancaire : rien ne sert de menacer de couper le crédit à l'économie réelle, le sevrage est déjà entamé.

Enfin, quand bien même la menace consisterait à faire valoir que les banques peuvent accélérer ce sevrage, il importe de comprendre qu'un tel traitement est mortel pour l'économie européenne. Si l'alternative qui se présente à nous consiste à choisir entre préserver un secteur bancaire défaillant au motif qu'il n'est plus capable de jouer son rôle auprès de l'économie réelle tout en démontrant sa capacité à solidifier ses bilans, et la mort d'une économie privée de crédit bancaire, la « bonne » réponse est en réalité très simple : elle consiste à nationaliser la partie du secteur bancaire qui refuse de faire son travail ou à lui retirer la licence bancaire. Qu'on ne réponde pas, en agitant le prétendu « syndrome du Crédit lyonnais », que la puissance publique est incapable de diriger une grande banque internationale aujourd'hui : certes, le Lyonnais était une banque publique quand il a fait naufrage en 1993, mais la BNP et la Société générale étaient également des banques publiques jusqu'en 1993 et 1987 respectivement. Ont-elles été si mal gérées ? Elles témoignent du fait que le prétendu « syndrome du Lyonnais » n'est nullement une fatalité. Par ailleurs, la quasi-totalité des dirigeants actuels de nos grandes banques sont issus de la haute fonction publique : faut-il absolument qu'un inspecteur général des finances pantoufle dans le privé pour se découvrir capable de diriger une banque ?

Le second argument – selon lequel rien ne pourrait être fait en Europe en matière de régulation, sinon de conserve avec les États-Unis – ne résiste pas davantage à la réflexion : les banques françaises, par exemple, jouissent déjà de distorsions de concurrence phénoménales en leur faveur puisqu'elles bénéficient de la garantie publique implicite. C'est d'ailleurs précisément la raison pour laquelle elles souhaitent rester « mixtes », comme nous l'avons vu. Par ailleurs, rendre un bateau plus solide peut éventuellement le rendre moins rapide par beau temps. Mais si cela peut lui éviter de couler à la prochaine tempête, le ralentissement éventuel est un moindre mal hautement préférable à la poursuite effrénée d'une vitesse qui ne sert que les intérêts de très court terme des actionnaires et des créanciers des banques. Plus concrètement, rien ne démontre que les investisseurs ne seront pas ravis de pouvoir investir dans des banques recapitalisées et donc plus sûres, quand bien même leur rendement sur action serait temporairement plus faible que celui des banques américaines.

La conclusion qui s'impose est assez claire : Christine Lagarde a raison quand elle reproche aux banques européennes d'être sous-capitalisées. Et le Comité de Bâle a tort de se laisser effrayer par les sirènes des banques qui prophétisent l'apocalypse toutes les fois que le régulateur envisage de les contraindre à se recapitaliser. Mais des décisions courageuses dans ce domaine ont peu de chance d'aboutir tant que les gouvernements des États-nations n'entreront pas eux-mêmes avec détermination dans ce débat pour faire valoir l'intérêt général qu'ils ont vocation à défendre. Quant au « bon » niveau de fonds propres, celui qu'il conviendrait d'atteindre au moyen d'un calendrier long, étalé sur une dizaine d'années, et annoncé de manière transparente, afin d'être prévisible par tous ? Il est raisonnable d'estimer qu'il devrait au moins satisfaire un ratio de levier analogue à celui qui prévalait au début du XXe siècle, c'est-à-dire compris entre 20 et 30 % de l'actif bancaire total.

Enfin, les remarques précédentes autour de la pondération des risques dans Bâle III invitent à faire une suggestion. Tant que le régulateur bâlois ne se sera pas converti à des ratios suffisamment simples à vérifier (à l'instar du ratio de levier) pour qu'il puisse lui-même les calculer, il nous faudra apprendre à vivre avec le ratio de solvabilité. Il y a cependant une manière de transformer cette contrainte en un avantage. Nous avons enregistré, plus haut, que la transition énergétique est probablement le chantier d'investissement de long terme qu'il convient de privilégier aujourd'hui. Cela pourrait se faire, par exemple, en adoptant des sous-pondérations à l'intention des actifs liés à la transition. Bien évidemment, cette opération serait délicate et dangereuse : elle ferait courir aux banques le risque de surestimer la rentabilité *ex ante* des chantiers de la transition. C'est pourquoi, à mon avis, un retour à des ratios simples serait nettement plus sage. Mais des pondérations biaisées en faveur de la transition ne seraient pas plus dangereuses que les actuelles pondérations laissées à la discrétion des banques.

La monnaie SMART

Dans les années 1930, un groupe d'économistes de l'université de Chicago, associé à Irving Fisher [15], a proposé un plan de retour au monopole public de la création de monnaie. L'idée était de forcer les établissements financiers à détenir des réserves auprès des banques centrales égales à 100 % de leurs comptes courants, par opposition au 1 % actuellement en vigueur au sein de la zone euro (cf. chap. 5). Autrement dit, les banques privées n'auraient plus de pouvoir de création monétaire *ex nihilo*. Seule la banque centrale conserverait le droit de frapper monnaie. Quel est l'intérêt d'une telle mesure ? Elle permet de séparer le métier de prêteur de celui de créateur de monnaie. Elle offre donc à la banque centrale le moyen de contrôler, enfin, la masse monétaire en circulation et, en particulier, de pratiquer une politique monétaire réellement contracyclique. Concrètement, la banque centrale pourrait alors réduire le montant de monnaie banque centrale disponible dès lors qu'elle observerait un emballement, non point de l'inflation des prix à la consommation, mais des prix des actifs financiers. On a déjà dit que la réduction de la prime de risque sur les actions (*equity premium*) constitue, avec le ratio d'effet de levier moyen, des indicateurs d'une tache solaire *bullish*. Il est donc faux de prétendre que la détection des bulles est impossible.

La proposition de Chicago fut soutenue par Maurice Allais [16], Milton Friedman [17] et, sous une forme atténuée (le *narrow banking*), par James Tobin [18], tous trois prix Nobel d'économie ; elle vient d'être reprise à leur compte par des chercheurs du FMI [19]. Pour prêter à partir de ces ressources, les banques devront en solliciter le transfert vers des comptes d'épargne. Aucune monnaie ne sera alors créée : elle sera simplement transférée depuis le compte-courant des particuliers vers le compte que les banques commerciales détiennent à la banque centrale en échange d'une créance des particuliers sur les banques inscrite au compte d'épargne [20]. C'est ce qu'André-Jacques Holbecq appelle la monnaie SMART, pour « Système monétaire à réserves totales ». L'avantage considérable d'une telle disposition est qu'elle fait disparaître le problème majeur d'illiquidité d'une banque : les déposants n'ont plus aucune raison de céder à la panique d'un *bank run*. Cela implique que le problème fondateur d'une banque, lié à la différence de liquidité entre son passif et son actif, disparaît. Et avec lui le mensonge structurel par omission où elle se trouve enfermée.

Associée à la séparation des métiers bancaires, cette mesure délivrerait également les politiques du mensonge structurel où ils se trouvent eux-mêmes piégés (cf. chap. 6). Ajoutées à une régulation stricte des marchés financiers et au retour aux avances au Trésor des banques centrales nationales, ces différentes dispositions permettraient véritablement de « libérer » les États des taches solaires qui sévissent sur les marchés. Condition *sine qua non* pour qu'une sphère publique puisse exister en face de la sphère privée et de celle des communs. (La vie de cette sphère publique exigerait aussi une bien plus grande autonomie des médias à l'égard du politique et de la sphère financière : il n'est que trop clair, hélas, que le mensonge structurel s'étend, par capillarité sociologique et par intérêt, à une part importante de la presse européenne.)

Appliquée à la zone euro, la règle du 100 % monnaie aurait une troisième vertu fondamentale : elle permettrait aux trésors publics des pays de la zone de disposer d'un compte à la BCE, laquelle déciderait du volume de la masse monétaire nécessaire à l'économie en concertation avec la chambre budgétaire de la zone euro dont il a été question au chapitre précédent. La création de monnaie se ferait en créditant les comptes des trésors publics (et non plus ceux des banques), lesquels pourraient utiliser ces ressources pour rembourser leur dette publique ou accroître leur financement budgétaire. Le retrait de monnaie se ferait en débitant le compte des trésors publics [21]. Le financement de la transition écologique pourrait être évidemment une direction privilégiée du financement de la BCE.

Cette procédure aurait de multiples avantages sur la nationalisation des banques. Cette dernière ne résout en effet pas le problème du mensonge structurel, dont la faillite du Crédit lyonnais en 1991 est une illustration. En outre, comme nous l'avons vu, ce n'est pas davantage à la puissance publique nationale qu'aux investisseurs privés de gérer les communs que sont la liquidité et le crédit. La tâche en revient plutôt à une instance européenne supranationale démocratique (comme la chambre budgétaire dont il a déjà été question).

Les difficultés de l'euro comme monnaie unique

On l'a déjà suggéré, l'euro comme monnaie unique ne survivra pas longtemps aux tensions internes qui agitent la zone. Pourquoi ? La vertu essentielle, sinon unique, de l'euro est d'avoir fait disparaître le risque de change entre les pays membres de la zone. C'est un progrès considérable, une sorte de désaveu de la remise en cause de Bretton Woods orchestrée par Nixon en 1971. C'est aussi une manière de retirer des mains des marchés financiers la possibilité de jouer avec les monnaies des différents pays européens. Mais le prix à payer de cet apaisement du paysage monétaire est tel qu'on est en droit de s'interroger sur la survie de la zone. Surtout si l'on est favorable au projet européen.

Les faiblesses de l'euro sont de trois ordres au moins. Le premier est le revers de l'abolition des taux de change flexibles entre pays membres. Nous avons en effet substitué aux taux de change flexibles un taux de change *unique et intangible* : 1 pour 1 entre tous les pays. Cela crée un nouveau taux de change implicite induit par les différences d'inflation entre nations : en Allemagne, par exemple, la déflation salariale [22] favorise le maintien d'une inflation très faible. Tous les pays qui, à l'instar de la France, ont un salaire minimum ou qui se refusent, tout simplement, à utiliser leur main-d'œuvre comme unique variable d'ajustement à la concurrence internationale, vont donc logiquement exhiber des taux d'inflation supérieurs à celui de l'Allemagne. Du coup, l'euro se « dépréciera » dans leur territoire alors qu'une dévaluation permettrait de contrecarrer cet effet. La conséquence inévitable est que les pays « à tendance inflationniste » vont mécaniquement accumuler des déficits de balance commerciale avec les pays « à tendance déflationniste », car l'euro implicite des premiers est trop faible. Un bon moyen de remédier à ce problème consisterait à réviser les taux de change entre monnaies des différents pays membres de la zone. Pratiquer des dévaluations politiquement négociées, serait-ce l'aveu d'une « faiblesse » de la part des pays qui dévaluent ? Non, si cette dévaluation est motivée par le souci de contrebalancer un différentiel d'inflation. La balance commerciale entre la France et l'Allemagne était équilibrée avant la création de la zone euro. Nous sommes aujourd'hui très largement déficitaires.

La deuxième faiblesse de l'euro est la conséquence prévisible de la première : comme les différentiels d'inflation ne sont pas compensés du fait de la monnaie unique, et comme tous les pays membres sont soumis à un unique taux d'intérêt directeur fixé par la Banque centrale européenne, cela veut dire que les taux d'intérêt réels (*i.e.*, les taux nominaux moins l'inflation) vont varier de manière considérable entre pays. Les pays inflationnistes auront un taux réel plus faible, et donc moins rémunérateur, que les pays déflationnistes. Du coup, les capitaux des premiers pays n'auront guère besoin de se faire prier pour migrer vers les seconds pays. Ce qui veut dire que les pays inflationnistes vont structurellement manquer de capitaux pour leurs investissements. Quoi d'étonnant, dans ces conditions, si les pays déflationnistes parviennent à sauvegarder – voire, parfois, à développer – leur industrie, tandis que la plupart des pays inflationnistes se désindustrialisent à grande vitesse ? Par ailleurs, la faiblesse des taux d'intérêt réels dans les pays inflationnistes est une incitation continuelle à l'endettement et aux projets sans contenu économique financés à crédit. Cela n'a rien d'étonnant si la bulle immobilière américaine s'est transmise en premier lieu en Espagne et en Irlande. De sorte que ce sont parfois les mêmes pays qui ont à la fois des balances commerciales très déficitaires, des ménages surendettés, un marché hypothécaire en plein effondrement et un secteur bancaire proche de la faillite (du fait, notamment, de l'incapacité des emprunteurs liés à la bulle hypothécaire de rembourser leurs dettes). C'est le cas, en particulier, de l'Espagne.

Pour remédier à cette deuxième difficulté, on pourrait envisager de modifier le mandat de la BCE de manière que celle-ci puisse fixer plusieurs types de taux d'intérêt. Disons, pour faire simple, un taux pour les pays du Nord (Allemagne, Autriche, Finlande, Pays-Bas, Luxembourg) et un taux pour les pays du Sud (tous les autres). Les premiers sont en moyenne moins inflationnistes que les seconds. La BCE aurait donc pour mandat de leur attribuer un taux directeur plus faible. Il importe de comprendre, néanmoins, que cette disposition, en soi logique, serait de peu d'utilité dans les années qui sont immédiatement devant nous : le taux directeur de chacune des deux zones est vraisemblablement condamné à rester rivé au plancher durant la décennie 2010 – le temps qu'il faudra pour que les principaux acteurs économiques européens (privés et publics, du Nord comme du Sud) se désendettent. Du coup, il devrait être très difficile, même à moyen terme, de jouer sur un différentiel de taux à l'intérieur de la zone euro, sauf à courir le risque de précipiter la récession et, éventuellement, un naufrage bancaire dans la zone qui s'aventurerait à remonter ses taux.

Cette partition de la zone euro en deux sous-zones devrait donc s'accompagner, à nouveau, de la mise en place d'un taux de change différencié, dans l'esprit des remarques qui précèdent : un euro-nord et un euro-sud pourraient se substituer à l'unique euro, au sein d'une zone euro dont les frontières demeureraient intouchées. L'euro-sud serait dévalué autant de fois que nécessaire pour rétablir une véritable parité de pouvoir d'achat entre le Nord et le Sud.

La troisième grande faiblesse de l'euro, c'est d'être systématiquement surévalué. Cette surévaluation pénalise peu les exportations allemandes, dont la demande est peu élastique au prix de vente. Pourquoi ? Essentiellement parce que les exportations allemandes sont spécialisées dans le haut de gamme, dont les acheteurs sont peu sensibles aux variations de prix. Inversement, les produits de milieu de gamme qu'exporte la France sont directement pénalisés par la hausse de l'euro. Pour remédier à ce défaut, il ne serait même pas nécessaire de modifier la structure de la zone. Il suffirait qu'une instance politique ose contraindre la BCE à fixer un niveau de l'euro qui ne soit pas à l'avantage quasi exclusif de l'Allemagne. Pour cela, encore faut-il qu'existe une instance politique authentiquement européenne à l'échelle du continent. Le Conseil des États en a le pouvoir juridique, nous y reviendrons.

Compte tenu de ce qui précède, on voit mal comment la poursuite d'une politique d'euro fort, de taux directeur calqué sur l'inflation allemande, le tout à l'intérieur d'un cadre où les taux de change entre pays membres sont fixés une fois pour toutes à 1 pour 1, pourrait ne pas conduire mécaniquement au déclin des pays méditerranéens (France comprise). Et ce, non pas parce que leurs populations seraient moins âpres à la tâche : aucune des accusations lancées par la presse, selon lesquelles les populations actives des pays du Sud travailleraient moins que celles du Nord ne résiste à l'analyse statistique. Mais notamment parce que ces pays ont une trajectoire macroéconomique qui passe par le refus de la déflation salariale.

À ceci, d'aucuns répondent qu'il « suffirait » que les pays du sud de l'Europe rattrapent le décalage de compétitivité dont ils souffrent à l'égard de l'Allemagne pour que l'essentiel des tensions internes à la zone disparaisse. C'est ainsi que le patronat allemand, pour l'essentiel, espère sortir l'Europe de la crise. Chaque pays aurait à faire ses « devoirs à la maison » (*Hausaufgaben*) et, à la condition qu'ils soient redevenus magiquement compétitifs, la riche Allemagne pourrait même consentir, pensent certains patrons, à renflouer les finances publiques en détresse.

Ce scénario peut paraître séduisant, à ceci près que les événements récents montrent que le pari d'une convergence des compétitivités nationales au sein de la zone euro est perdu. À y regarder de plus près, il est permis de se demander s'il n'a jamais eu la moindre chance d'être gagné. Les critères de Maastricht, en effet, font obligation à un pays membre de conserver une faible inflation (2 % par an) et un faible déficit (3 % du PIB) tandis que la convergence économique exige un rattrapage de la compétitivité industrielle (allemande) par les pays moins compétitifs. Or, en principe, une hausse de la productivité du travail s'accompagne d'une hausse proportionnelle des salaires (les salaires étant égaux, en principe, à la productivité marginale du travail dès lors que le marché du travail est «parfait»). Outre que cette augmentation de la productivité devient de plus en plus difficile dans un contexte de resserrement de la contrainte d'approvisionnement énergétique (cf. chap. 4), Maastricht exigeait qu'elle se produisît sans rattrapage salarial, sous peine de contrevenir à l'interdit inflationniste. La convergence économique de la zone euro n'est donc possible *a priori* qu'à condition que les salariés n'appartiennent pas au groupe des pays les plus performants (l'Allemagne, les Pays-Bas, l'Autriche, la Finlande) consentent à travailler plus et mieux *tout en gagnant moins.* C'est cette concession majeure que les classes moyennes allemandes ont faite, au nom de la réunification dans les années 1990, puis de l'impératif de compétitivité internationale durant la décennie suivante, et que la quasi-totalité des classes moyennes des autres pays européens ont refusée. De sorte qu'entre 2001 et 2008, le coût unitaire du travail (l'évolution nominale des salaires corrigée par les gains de productivité du travail) allemand a régressé de 7 %, alors que celui des salariés français progressait de 7 % tandis que les pays dits « périphériques » le voyaient croître d'environ 14 % en moyenne (source BCE). Alors que les classes moyennes allemandes voyaient leur pouvoir d'achat diminuer en vingt ans, celles d'Espagne, par exemple, connaissaient pour la première fois de leur histoire les délices de la consommation de masse. Faut-il faire grief aux autres salariés européens d'avoir refusé de travailler plus pour gagner moins ?

Aujourd'hui, le projet de contraindre les populations du Sud (France comprise) à une « dévaluation interne » revient à leur imposer la concession – travailler plus pour gagner moins – qu'elles ont refusée depuis l'entrée dans la zone euro. Et il est malheureusement très vraisemblable que l'entêtement dans cette stratégie, loin d'aider ces pays à recouvrer une compétitive « à l'allemande », achève de les plonger dans la trappe déflationniste.

L'euro comme monnaie commune

Une conséquence logique de ce qui précède est que l'unicité de la monnaie requiert une véritable fédération budgétaire qui accompagne les dissymétries économiques entre pays de la zone par de véritables transferts. Au sein de l'État fédéral américain, ces transferts atteignent jusqu'à 4 % du PIB, contre moins de 1 % au sein de la zone euro aujourd'hui. Si personne, ou presque, n'a entendu parler du fait que les États de Californie et de l'Indiana sont en faillite, c'est parce qu'ils ont été renfloués par New York. On peut estimer que Berlin et Paris n'ont pas à verser 4 % de leur PIB en transferts au profit de Lisbonne ou Athènes. Mais, dans ce cas, il faut renoncer à prôner le fédéralisme européen [23] !

Outre la question du modèle social européen déjà évoquée plus haut, à travers le débat Amable/Piketty, la difficulté du saut vers le fédéralisme est que celui-ci exige sans doute un très fort assentiment de la part des populations citoyennes. Or ces dernières, échaudées par plus de vingt ans de croissance molle, de chômage de masse et de creusement des inégalités, puis désormais par la violence des politiques austéritaires, rechignent à donner leur bénédiction à l'Europe telle qu'elle se construit. Depuis la création de la zone euro, toutes les consultations populaires sur l'Europe se sont soldées par un échec. Les élites « pro-européennes » semblent avoir gaspillé le capital de confiance dont elles auraient justement besoin pour oser faire le pas qui consisterait à abandonner davantage encore de souveraineté nationale en vue, par exemple, de la constitution d'un budget fédéral. Alors que les créations du marché unique, puis de la monnaie unique, étaient supposées favoriser le rapprochement des peuples en vue de faciliter une fédération politique autrement impossible, tout se passe comme si la création de l'euro avait renforcé les divergences économiques et les divergences entre peuples. En outre, si le « saut fédéral » devait signifier l'abolition des rares marges de manœuvre politique qui survivent à l'inscription dans la Constitution européenne du cadre politique ordo-libéral, alors on aurait des raisons légitimes de refuser un tel fédéralisme. Un fédéralisme politique où un gouvernement démocratiquement élu aurait à décider, en accord avec un Parlement européen, d'un budget fédéral, cela aurait un sens. Un fédéralisme où des règles éventuellement constitutionnelles, qui n'ont pas été approuvées par les peuples, permettraient de décider sans débat des allocations budgétaires entre pays membres constituerait probablement la fin de la démocratie européenne.

Que le crédit et la liquidité soient considérés comme des communs implique que nous partagions une monnaie, en effet, et que sa régulation puisse se faire à l'échelle européenne selon les lignes suggérées *supra*. Que nous partagions une monnaie ne veut pourtant pas dire que nous soyons condamnés à la monnaie unique. L'euro pourrait être transformé en « monnaie commune », au sein d'un système monétaire européen fort semblable à celui qui prévalut du temps de l'ECU entre 1979 et 1998 – à ceci près que le panier de monnaie qui définissait l'ECU serait remplacé par l'euro que nous connaissons aujourd'hui et que les taux de change entre dénominations nationales de l'euro ne seraient pas livrés à l'arbitraire des marchés des changes. Les transactions hors zone euro s'effectueraient en euro, comme aujourd'hui, selon le taux de change de notre monnaie, fixé par les marchés des changes (régulés). Au moment de la transition de la monnaie unique (l'euro actuel) vers une monnaie commune, chaque pays de la zone recréerait sa dénomination nationale, à parité avec l'euro existant. Les dénominations nationales seraient convertibles entre elles, au sein de la Banque centrale européenne, selon des parités fixes, déterminées par une négociation politique (et révisées, par exemple, tous les ans, en fonction des différentiels de parité de pouvoir d'achat entre pays, des déficits commerciaux, etc.). Ces négociations devraient logiquement aboutir à la dévaluation de l'euro-franc, de l'euro-peseta, de l'euro-lire, de l'euro-drachme, etc., par rapport à l'euro-mark et à l'euro-florin. Bien sûr, il est à prévoir que, lors du sommet européen annuel où la révision des taux de change intra-européens serait décidée, de vastes mouvements de capitaux se dessinent, en fonction des anticipations des décisions à venir : les investisseurs qui anticiperaient une dévaluation de l'euro-peseta protesteraient en investissant leurs capitaux en Allemagne. Cela provoquerait une instabilité dommageable... À cette objection, il faut répondre, tout d'abord, que de tels mouvements existent déjà aujourd'hui : c'est tout le sens de la création d'un marché unique européen où le capital est parfaitement mobile que de permettre ce type de stratégie. On ne peut pas d'un côté sanctifier la mobilité du capital, de l'autre se plaindre lorsque les capitaux se déplacent... En outre, de tels mouvements de capitaux se sont accélérés depuis 2012, motivés aussi bien par la destruction en règle de l'économie espagnole à laquelle se ramène la politique austéritaire qui lui est imposée, que par l'anticipation d'une dévaluation de la monnaie espagnole en cas de sortie de la zone euro. Ensuite, il faut surtout faire valoir qu'une politique de taux d'intérêt différenciés serait le meilleur moyen de répondre à de tels mouvements de capitaux intra-européens. Si les anticipations des investisseurs s'avèrent justifiées, cela voudra dire que l'euro-mark, par exemple, aura été réévalué par rapport à l'euro-peseta. Mais, comme on l'a vu plus haut, pareille politique devrait être accompagnée d'une revalorisation du taux directeur en euro-peseta pour compenser l'inflation des pays du Sud. Si cette revalorisation des taux compense à peu près la dévaluation de la dénomination monétaire nationale, les investisseurs auront fait voyager leurs capitaux pour rien.

Quelles sous-zones, intérieures à la zone euro, devrait-on choisir ? Deux options sont envisageables, au moins dans un premier temps : la première consiste à prendre acte de la scission déjà intervenue dans les faits entre pays du Nord et du Sud, et à instituer deux taux d'intérêt en même temps que deux dénominations monétaires : un euro-nord et un euro-sud. La seconde option consiste à sanctuariser tel pays en difficulté, par exemple la Grèce, en lui aménageant, pour lui seul, une dénomination monétaire propre qui lui permettrait de dévaluer sans quitter la zone euro. Il y a fort à parier que d'autres pays seraient alors candidats à la sanctuarisation – mais ce ne serait que la rançon du succès d'une telle opération.

Les discussions actuellement en cours (hiver 2013-2014) entre pays germanophones suggèrent qu'il sera politiquement très difficile d'imaginer une scission de la zone euro en deux zones où les six pays fondateurs ne se retrouveraient pas réunis au sein de la même sous-zone. Concrètement, cela veut dire que l'Allemagne aura d'immenses difficultés à consentir à porter la responsabilité d'un démantèlement, même partiel, où elle ne partagerait pas une monnaie unique avec la France et l'Italie. Cet obstacle, purement politique, peut jouer en faveur de la seconde option – celle de la sanctuarisation.

Un point important aurait à être discuté dans l'hypothèse où les Européens parviendraient à se mettre d'accord sur une telle sortie par le haut de la crise structurelle de l'euro : le règlement des dettes internationales. Supposons que la Grèce soit sanctuarisée (le même problème se pose en cas de partition de la zone euro en deux sous-zones) : dans quelle dénomination monétaire sa dette publique sera-t-elle libellée ? Si la dette a été contractée selon un régime juridique anglo-saxon, la réponse est claire : la dette restera libellée dans la devise du prêteur. Comme l'euro-drachme sera dévalué (c'est le but de l'opération), cela voudra dire que le poids de la dette grecque augmentera. Certains estimeront que ce n'est guère un problème dans la mesure où il est de toute façon évident que la Grèce ne pourra pas rembourser sa dette publique, comme nous l'avons déjà noté plus haut. Il n'empêche que la manière dont le sort grec sera réglé influencera très fortement le traitement des autres pays du Sud. La question de la dénomination monétaire de la dette publique ne peut donc pas être évacuée aussi facilement.

En revanche, si la dette a été contractée selon un régime juridique continental, nul ne sait vraiment dans quelle dénomination monétaire elle devrait être libellée en cas de reconfiguration des liens entre Athènes et la zone euro actuelle. Pour une raison simple : les traités européens n'ont rien prévu concernant une sortie hors de la zone, ni même un réaménagement de la zone sous forme de sanctuarisation avec monnaie commune, telle que nous l'envisageons. Ce vide juridique est en grande partie responsable de la grande confusion qui règne sur cette question : la vérité est que personne ne sait au juste comment devra se régler la question du label des dettes publiques. Sans doute fera-t-il l'objet d'un bras de fer politique. Mais, dans cette négociation probablement « musclée », la Grèce pourra faire valoir que le droit international autorise tout pays ayant contracté une dette dans sa devise nationale à conserver cette dette dans sa nouvelle devise lorsqu'il change de monnaie. Ce qui veut dire qu'Athènes aurait de bons arguments pour faire valoir que la partie de sa dette publique contractée après son entrée dans la zone euro avec d'autres membres de la zone pourra être libellée en euro-drachme. Le même argument pourrait d'ailleurs être invoqué par Athènes en cas de sortie pure et simple de l'euro...

Des propositions analogues à celle d'une monnaie commune avaient déjà été faites en leur temps par John Major et Édouard Balladur notamment. On s'en doute, la plupart des économistes et politiques allemands sont opposés à la mise en place d'un euro-monnaie-commune accompagné d'une politique différenciée des taux d'intérêt : ils perdraient instantanément le fruit de l'austérité salariale qu'ils s'imposent depuis vingt ans. La dévaluation de leurs voisins compenserait aussitôt leur défaut de compétitivité à l'égard de l'Allemagne. C'est donc bien la monnaie unique, et elle seule, qui rend fructueuse (pour l'Allemagne) sa politique de déflation salariale, laquelle pénalise l'ensemble de la zone euro [24].

C'est sur ce principe d'une monnaie commune que fonctionnent le rouble, actuelle monnaie de la Communauté des États indépendants (onze des quinze anciennes républiques de l'URSS) et le « sucre », utilisé par les pays membres de l'Alliance bolivarienne pour les Amériques (ALBA[25]). Plusieurs points sont à souligner : les taux de changes entre monnaies nationales ne seraient surtout pas livrés aux marchés des changes (ce qui voudrait dire, à nouveau, aux caprices de taches solaires incontrôlables) mais négociés politiquement. Il s'agirait donc de substituer une *discussion démocratique* aux rapports de force marchands qui prévalent sur les marchés des changes – seul moyen d'éviter la privatisation de la monnaie. En outre, l'autonomie recouvrée des banques centrales nationales leur permettrait de monétiser éventuellement la dette publique de leur pays – une pratique que nous, Européens, sommes les seuls à refuser. Surtout, elles pourraient décider de financer la transition par voie de création monétaire sans avoir à obtenir l'aval de Francfort. Enfin, la dette publique de chaque pays serait immédiatement libellée dans la monnaie nationale, et non plus en euro, ce qui constituerait *de facto* une restructuration des dettes. Certains épargnants seront lésés ? Certes, mais n'ont-ils pas déjà compris que la Grèce ne pourra jamais rembourser sa dette ? Ni aujourd'hui ni dans dix ans ? Et qu'il risque fort d'en aller de même pour les autres pays méditerranéens si nous nous entêtons à vouloir leur faire payer leurs anciennes dettes en leur accordant de nouveaux prêts ?

Un aspect spécifique sous-jacent à cette dernière question mérite d'être souligné. Plusieurs observateurs, dont Lorenzo Bini Smaghi, ancien membre du directoire de la Banque centrale européenne [26], ont fait remarquer que la Bundesbank, la banque centrale d'Allemagne, détient une créance considérable sur les banques centrales de certains pays du Sud. Cette dernière s'élève, en 2013, à plus de 570 milliards d'euros (plus du quart du PIB français). Elle est notamment la contrepartie inévitable des transferts de capitaux privés des pays du Sud vers l'Allemagne. Au fur et à mesure que les pays du Sud s'effondrent sous l'accumulation des dettes de leurs secteurs bancaires privés et de la destruction organisée à laquelle se réduisent les plans d'ajustement structurel imposés par la Troïka, les capitaux des citoyens plus riches quittent leurs frontières nationales pour se réfugier sous des cieux plus cléments (allemands, en l'occurrence). En cas d'abandon de la monnaie unique en faveur d'une monnaie commune, qu'adviendrait-il de ces créances ? À l'instar des dettes publiques, on peut imaginer qu'elles seraient immédiatement converties dans la monnaie interne du pays débiteur. Ce qui implique que la Bundesbank ferait des pertes substantielles. Nous l'avons déjà noté, en cas de perte, les traités européens obligent les pays membres de l'euro à recapitaliser le système européen des banques centrales mais, cette fois, au niveau global, il n'y aurait aucune perte à constater : ce que la Bundesbank perdrait serait un gain pour toutes les banques centrales du Sud. Ce jeu à somme nulle serait-il donc si dommageable ? Ses conséquences, en tout cas, devraient être mesurées avant de lancer la monnaie commune. Il semble, en effet, que la Bundesbank a vendu une quantité importante de titres à des banques situées en Allemagne en contrepartie de ses créances sur les banques centrales des pays du Sud. Si elle ne recouvrait pas ses créances, elle se trouverait elle-même dans l'incapacité d'honorer ses dettes vis-à-vis desdites banques privées, parmi lesquelles se trouveraient des banques américaines, britanniques... Tout ceci demande à être rendu transparent afin que la décision politique de passer à la monnaie commune puisse être prise en connaissance de cause.

Aucune de ces réformes (la séparation bancaire, la monnaie SMART, la monnaie commune) n'est nouvelle. L'idée d'une monnaie commune européenne est même antérieure à celle de la monnaie unique. Pourquoi se heurtent-elles à la résistance des élites européennes ? Pour ne prendre qu'un seul exemple, la question de la réforme de la zone euro est devenue littéralement un tabou en Europe de l'ouest. Alors que deux chercheurs de la Banque centrale de Pologne n'hésitent pas à rendre public un document de travail qui recommande le démantèlement de l'euro [27], évoquer cette question en France (mais aussi en Allemagne, en Autriche, en Belgique...) fait courir le risque à celui qui s'y aventure d'être immédiatement considéré comme un populiste dangereux. Pourtant, les analyses convergentes des déficiences de l'euro ne manquent pas aujourd'hui [28]. Et s'il est vrai que la zone euro actuelle ne peut pas survivre à moins d'un saut fédéral dont on n'aperçoit guère, pour l'instant, comment il pourrait avoir lieu, s'il est vrai que l'euro-monnaie-commune serait une bien meilleure affaire pour toute l'Europe (à l'exception, à court terme, de l'Allemagne), alors nous devons pouvoir engager un débat transparent et démocratique sur cette question. Refuser d'ouvrir ce débat, c'est abandonner au Front national (et aux partis d'extrême droite qui renaissent ou se développent un peu partout en Europe aujourd'hui) le terrain de cette question centrale pour l'avenir des Européens. Ce dernier l'a fort bien compris, qui tente désormais d'apparaître dans l'espace politique français comme l'unique force politique capable d'oser remettre en cause l'Euro et de défendre la voix des victimes des divergences économiques induites par la monnaie unique. Si, en face, tous ceux qui défendent le projet politique européen ne prennent pas la peine d'argumenter sur la manière dont on peut aujourd'hui construire une autre Europe, ils laissent les accusations du Front national sans réponse, et entretiennent l'illusion que l'alternative contemporaine se réduit à *cette* Europe-ci ou au démantèlement de la zone euro. Pourquoi, dans ces conditions, la réforme de l'euro est-elle un tabou ? C'est ce qu'il nous appartient de comprendre à présent.

Notes

1. Cf. Gaël Giraud et Cécile Renouard, *Vingt propositions pour réformer le capitalisme, op. cit.*, propositions 10 et 11.
2. http://blogs.lexpress.fr/economie-sans-demagogie/author/economie-sans-demagogie/ (page consultée en novembre 2013).

3. New Economics Foundation, « Quid Pro Quo: Redressing the Privileges of the Banking industry », 8 septembre 2011.
4. *Think tank* proche du PS, http://www.tnova.fr/note/pour-une-rforme-bancaire-plus-ambitieuse-vous-avez-dit-liikanen-chiche (page consultée en novembre 2013).
5. Cf. Jean-Luc Gréau, *Le Capitalisme malade de sa finance*, Paris, Gallimard, 1998. On lira aussi avec profit, de l'ancien économiste du MEDEF : *L'Avenir du capitalisme*, Paris, Gallimard, 2005 ; *La Trahison des économistes*, Paris, Gallimard, 2008 ; et « Pour un nouveau système bancaire », *Le Débat*, n° 57, novembre-décembre 2009, p. 31.
6. On trouvera sur le site d'Alain Grandjean (http://alaingrandjean.fr/ page consultée en novembre 2013) une série d'articles analysant plus en détail les enjeux de la séparation bancaire et commentant le projet de loi. Le site http://www.scinder-les-banques.fr/ (page consultée en novembre 2013) de l'association Diacrisis, présidée par Olivier Berruyer, fournit également des compléments d'information importants.]
7. Un exemple : Rodrigo Rato, ancien ministre de l'Économie dans le gouvernement Aznar et ex-directeur général du FMI, est devenu le patron de Bankia, la banque née en 2010 de la fusion de sept caisses régionales, et à qui le gouvernement espagnol s'est cru obligé de verser 23,5 milliards d'euros pour combler ses pertes. Le salaire de M. Rato est supérieur à 2 millions d'euros par an. Un conflit d'intérêts qui n'épargne pas les économistes. Cf. Charles H. Ferguson, *Inside Job*, 2010, Oscar du meilleur film documentaire en 2011 ; Serge Halimi, *Les Nouveaux Chiens de garde*, Paris, Raisons d'agir, 2005, et son adaptation cinématographique, par Gilles Barbastre et Yannick Kergoat, en 2012 ; Laurent Mauduit, *Les Imposteurs de l'économie*, Paris, Jean-Claude Gawsewitch, 2012.
8. Cf. Denis Robert et Ernest Backes, *Révélation$*, Paris, Les Arènes, 2001.
9. Pascal Canfin, *Ce que les banques vous disent et pourquoi il ne faut (presque) jamais les croire*, Paris, Les Petits Matins, 2012.
10. Ou plutôt une version de Bâle III où le volet contra-cyclique des règles prudentielles serait beaucoup plus développé qu'il ne l'est actuellement.
11. Cf. Gaël Giraud et Cécile Renouard, *Vingt propositions pour réformer le capitalisme, op. cit.*, propositions 10 et 11.
12. *Idem*, proposition 11.
13. Cf. Anat Admati et Martin Hellwig, *The Banker's New Clothes*, Princeton, Princeton University Press, 2013.

14. Sur l'effondrement du crédit bancaire, on pourra se reporter aux graphiques très suggestifs de l'excellent site d'Olivier Berruyer, www.lescrises.fr/prets-bancaires-secteur-prive/ (page consultée en novembre 2013), dont les sources sont publiques.
15. Irving Fisher, *100 % Money*: http://revolution-monetaire.blogspot.fr/p/100-money-dirving-fisher.html (page consultée en novembre 2013).
16. Maurice Allais, « Les conditions de l'expansion dans la stabilité sur le plan national », *Revue d'économie politique*, janvier-février 1967.
17. Milton Friedman, *A Program for Monetary Stability*, New York, Fordham University Press, 1959.
18. James Tobin, « Financial Innovation and Deregulation in Perspective », *Bank of Japan Monetary and Economic Studies*, vol. 3, n° 2, 1985.
19. Jaromir Benes et Michael Kumhof, « The Chicago Plan Revisited », document de recherche du FMI, août 2012.
20. Il importe de comprendre que cette disposition ne parviendra à ses fins – redonner le contrôle de la création monétaire aux autorités publiques démocratiques – qu'à la condition que les banques privées ne puissent plus, comme elles le font aujourd'hui, créer du crédit *ex nihilo* et mettre systématiquement la Banque centrale devant le fait accompli en se refinançant *ex post*. Autrement dit, il est capital que la contrainte de 100 % de réserve soit imposée *ex ante*, en amont de l'origination du crédit. Ce qui transformerait les banques en ce que l'opinion publique croit souvent, à tort, qu'elles sont aujourd'hui, à savoir de purs intermédiaires financiers sans pouvoir de création monétaire.
21. Cf. Romain Rancière, « Ne laissons plus les banques battre monnaie », *Libération*, 13 décembre 2011.
22. La déflation salariale allemande est analysée et critiquée, par exemple, *in* Gaël Giraud, Cécile Renouard, *Le Facteur 12*, Paris, Carnets Nord, 2012.
23. Cf. Jacques Sapir : *La Fin de l'euro-libéralisme*, Paris, Le Seuil, 2006 ; *La Démondialisation*, Paris, Le Seuil, 2011 ; et *Faut-il sortir de l'euro ?*, Paris, Le Seuil, 2012.
24. Cf. Gaël Giraud et Cécile Renouard, *Le Facteur 12, op. cit.*
25. Cf. André-Jacques Holbecq, « La monnaie commune contre l'éclatement de la zone euro », *Projet*, n° 328, 2012.
26. Lorenzo Bini Smaghi, *Morire di austerità. Democrazie europee con le spalle al muro*, Bologne, Le edizioni del Mulino, 2013.
27. Stefan Kawalec, Ernest Pytlarczyk, « Controlled Dismantlement of the Euro zone: A Proposal for a new European Monetary System and a

new role for the Central Bank », document de travail de la Banque centrale de Pologne, n° 155, 2013, http://www.nbp.pl/publikacje/materialy_i_studia/155_en.pdf (page consultée en novembre 2013).
28. Cf. Jean-Pierre Vesperini, *L'Euro*, Paris, Dalloz, 2013 ; Patrick Artus, Isabelle Gravet, *La Crise de l'euro. Comprendre les causes. En sortir par de nouvelles institutions*, Paris, Armand Colin, 2012.

Chapitre 11

NOUS LIBÉRER DU VEAU D'OR [1]

N'était le malheur qui promet de frapper les catégories les plus vulnérables (en France, les 8 millions de personnes qui vivent déjà en dessous du seuil de pauvreté, mais aussi l'ensemble des classes moyennes), l'épreuve actuelle de l'Europe pourrait s'avérer salutaire si elle aidait certaines élites économiques européennes à sortir de l'anesthésie dans laquelle les a plongées la financiarisation du projet européen survenue au cours des vingt dernières années.

Le Veau d'or

Ce dévoiement consiste, on l'a vu, en la privatisation des communs que devraient être la liquidité et le crédit. Les référendums de 2005 montrent qu'il n'est pas porté par la majorité des classes moyennes européennes. Certains avaient-ils compris la médiation d'une unification marchande et monétaire comme une « ruse de la raison » destinée à hâter l'union politique fédérale ? Telle était sans nul doute l'ambition initiale d'une partie des constructeurs de la zone euro. Certes, le traité de Rome était ambigu (puisqu'il mettait déjà la « concurrence » au cœur du projet européen) mais le *lobbying* bancaire et la *doxa* du capitalisme actionnarial et financiarisé ont transformé l'intention initiale en une tentative inédite de construire les sociétés européennes autour d'un vaste marché (de biens et de capitaux) dérégulé. Les marchés auront servi d'alibi, pendant trois décennies, pour étouffer la question démocratique : « Nous vivons ensemble *parce que* nous produisons et consommons sur un même marché » – tel est devenu le mot d'ordre sur lequel reposent, au moins en partie, la construction de la zone euro et la plupart des traités européens. Mot d'ordre que l'on pourrait traduire par : « Nous vivons ensemble parce que nous sacrifions à cette même divinité anonyme, l'hypostase sans visage que d'aucuns baptisent marchés financiers », dont les exigences sont simplement dictées par l'arbitraire des taches solaires (cf. chap. 3). Que nous ayons été tentés de construire la société européenne sur le déchaînement de la violence de la volonté propre relève de l'épisode du Veau d'or (Ex 32, 10) et, plus généralement, d'une idolâtrie que dénonce le livre de la Sagesse (14, 27-31 [2]).

La puissance de fascination de ces idoles anonymes que sont les caprices déliés du réel qui sévissent sur les marchés financiers repose sur un malentendu : l'énormité de l'effet du levier rendu possible par les (récents) mécanismes financiers (la titrisation, les mille-feuilles et autres délices pâtissiers, cf. chap. 1) est telle qu'elle annihile facilement la conscience critique de celles et ceux qui en bénéficient. C'est un véritable lieu de combat spirituel pour un opérateur financier trentenaire en position de gagner plusieurs dizaines de milliers d'euros par mois que de se demander si son travail est socialement utile. C'est pour eux que les chapitres 5 et suivants du livre de la Sagesse ont été écrits. Le combat est encore plus considérable pour les épargnants fortunés qui perçoivent la plus grande part de la rente de ces opérations sans même participer aux paris d'argent qui l'ont générée. Beaucoup d'entre nous font partie de ces « rentiers » : non seulement le centile des plus riches ménages occidentaux qui s'est considérablement enrichi en une génération mais encore tous ceux qui, aujourd'hui, détiennent un livret d'épargne. Ce qui implique une complicité collective, au moins passive, avec l'idolâtrie financière, qui n'est pas sans rappeler la terrible « banalité du mal » dont parlait Hannah Arendt.

Réapprendre à « parler » entre nous

Il s'agit, désormais, de reprendre notre cheminement politique vers d'autres figures du lien social, construites à travers le débat démocratique et non sur le rapport de force muet des transactions financières. Je crois que c'est très précisément le sens spirituel de la construction d'une Europe « commune ». C'est dans ce sens que la Commission des épiscopats de la Communauté européenne a appelé, le 12 janvier 2012, à une plus grande intégration et solidarité budgétaires au sein de la zone euro [3]. Comme le dit déjà le livre des Proverbes, *les idoles ne parlent pas*. L'enjeu est donc, aujourd'hui, que les Européens réapprennent à se parler entre eux. Et, en premier lieu, que les élites politiques et économiques consentent de nouveau à parler aux peuples européens. Ce défi est inédit. En effet, depuis le milieu des années 1990, un quart environ d'une classe d'âge d'Européens de l'Ouest accède à un enseignement supérieur général [4]. Proportion encore jamais atteinte dans une société humaine. Un quart, cela constitue une masse critique qui permet aux membres de cette « élite de masse » de vivre dans une endogamie sociale quasi complète, que son statut d'ultraminorité rendait autrefois impossible : les membres de ladite élite vivent, travaillent, se marient et partent en vacances... entre eux. Tandis que Jean-Paul Sartre savait ne pas pouvoir se permettre de « désespérer Billancourt », les élites européennes pourraient bien nourrir l'illusion, depuis quinze ans, qu'elles sont en droit de se dispenser de « parler à Billancourt ».

En France, la ghettoïsation géographique [5] facilite considérablement une illusion que le contrôle, par ces mêmes élites, des sphères médiatiques, économiques, politiques vient entretenir chaque jour : nous nous mettons en scène nous-mêmes à travers les médias, au point de finir par croire que nous représentons la majorité de la société. En témoigne l'étonnement de notre entourage, s'il est uniquement constitué de citoyens « diplômés » : « Nous ne serions qu'un quart ? Mais où sont les autres ? » Inversement, une partie des deux tiers « moins éduqués » des citoyens peut-être tentée par un populisme qui les délivrerait de façon imaginaire de l'oppression d'une élite dont ils vérifient chaque jour qu'elle ne prend que marginalement en compte leurs soucis et leurs aspirations.

Le référendum français de 2005 au sujet du traité constitutionnel illustre le clivage qui sépare nos élites du reste du corps social : le « non » a recoupé largement les catégories de citoyens qui n'ont pas eu le privilège d'accéder à des études supérieures. Et le débat qui précéda le référendum ne fut pas vécu comme un échange d'opinions légitimes parce qu'inscrites dans un espace public, pluraliste, de discussion : il s'est transformé en un « effort de pédagogie » de la part des partisans (diplômés) du « oui » à l'égard des défenseurs (prétendument moins « instruits ») du « non », lesquels, dans l'esprit des premiers, ne devaient leur opinion qu'à un malentendu sur ce que l'Europe est « vraiment »[6].

Aujourd'hui, ce divorce entre les élites et les peuples européens mine les tentatives de résolution de la crise des dettes européennes. En témoigne la tentation qui guette nos gouvernements, et que décrivait récemment Jürgen Habermas :

« *Si le droit valide ne doit pas être enfreint de façon flagrante, cette réforme* [en vue d'une Europe fédérale démocratique] *en souffrance n'est possible que par la voie d'un transfert d'autres compétences des États membres à l'Union. Angela Merkel et Nicolas Sarkozy ont conclu un compromis entre le libéralisme économique allemand et l'étatisme français qui a un tout autre contenu. Si je vois juste, ils cherchent à consolider le fédéralisme exécutif impliqué dans le traité de Lisbonne en une domination intergouvernementale du Conseil de l'Europe contraire au traité. Un tel régime permettrait de transférer les impératifs des marchés aux budgets nationaux sans aucune légitimation démocratique propre.*

« *Pour ce faire, il faudrait que des accommodements conclus dans l'opacité, et dépourvus de forme juridique, soient imposés à l'aide de menaces de sanctions et de pressions sur les parlements nationaux dépossédés de leur pouvoir. Les chefs de gouvernement transformeraient de la sorte le projet européen en son contraire : la première communauté supranationale démocratiquement légalisée deviendrait un arrangement effectif, parce que voilé, d'exercice d'une domination postdémocratique. L'alternative se trouve dans la continuation conséquente de la légalisation démocratique de l'UE. Une solidarité citoyenne s'étendant à l'Europe ne peut pas se former si, entre les États membres, c'est-à-dire aux possibles points de rupture, se consolident des inégalités sociales entre nations pauvres et riches*[7]. »

L'angoisse de Jacob

Dans la grande tradition kantienne, l'alternative appelée de ses vœux par Habermas ne saurait advenir sans la prise au sérieux, par les peuples et par les gouvernants, d'un espace public de *discussion*. La violence des transactions financières (et de la monnaie unique, plaquée sur des économies trop différentes) est devenue patente à travers celle des plans d'austérité imposés à nombre de pays aussi bien par les marchés financiers que par la Troïka, Paris et Berlin. À cette violence légale doit pouvoir se substituer une parole échangée démocratiquement, dans le respect mutuel et la confiance que cette parole peut être entendue [8]. Cette parole échangée inclut, parmi ses tâches les plus urgentes, la réinscription du droit et de l'interdit au sein des marchés financiers. Car nous savons depuis le livre 3 de la Genèse que l'*inter-dit*, loin d'être une privation odieuse de liberté ou d'innovation, est une « parole entre nous » qui vient rappeler que les marchés ne sont pas l'origine du lien social. Sans aucun doute, des règles de réciprocité inscrites au cœur même des institutions européennes, jointes à la suppression du mensonge structurel qui muselle les banques et les politiques, seraient-elles un bon moyen de faire grandir cette confiance, et de garantir l'efficacité de nos compromis.

Croyons-nous, profondément, qu'autrui est d'abord, pour nous, une menace, un rival, un concurrent ? Ou bien, par-delà les vicissitudes de quelques-uns, une promesse de vie heureuse ? L'orientation de ma vie tout entière se trouve en partie déterminée par la réponse, éventuellement implicite, que je formule pour moi-même à cette question existentielle. Elle informe également l'orientation de notre société. Si nous sommes convaincus que l'autre est un danger, alors, en effet, il importe au plus haut point de nous en défendre. Comment, néanmoins, entrer en relation dans de telles conditions ? Comment trouver du goût, de l'énergie pour faire société ? C'est le problème auquel fait face Jacob à l'heure de retrouver son frère, Ésaü, de l'autre côté du Jourdain (Gn 32, 9-32). Et – qui s'en étonnera ? – Jacob ne trouve pas mieux, pour tenter d'adoucir la violence qu'il anticipe (à tort ?) chez son frère, que de lui céder son troupeau et même ses serviteurs – sa *propriété*. C'est la première tentative qu'enregistre la Bible de dépasser la peur de l'autre par le commerce des choses. L'idéal messianique de la société de propriétaires (cf. chap. 1) peut se lire comme la tentative de projeter en horizon ultime de nos sociétés cette solution imaginaire à l'angoisse de Jacob qu'est la propriété privée.

Il n'est pas sûr qu'en dépit de ses nombreuses déclarations généreuses, la construction européenne actuelle ne soit pas hantée par la même angoisse. En novembre 1994, Jacques Chirac, alors candidat à l'élection présidentielle, promettait la tenue d'un référendum sur la monnaie unique. Il y renonce à peine élu, alors qu'un sondage Ifop d'avril 1996 indique que 80 % des Français souhaitent un référendum. Avant les élections législatives du printemps 1997, Lionel Jospin s'engage à renégocier le Pacte de stabilité. Une fois nommé Premier ministre, il signe le traité d'Amsterdam, le 18 juin 1997. En mai 2005, 54,6 % des Français rejettent le traité constitutionnel européen. En février 2008, Nicolas Sarkozy fait ratifier le traité de Lisbonne qui, de l'aveu de Valéry Giscard d'Estaing, est « illisible pour les citoyens », et reprend « intégralement » le traité constitutionnel (*Le Monde*, 6 novembre 2007). À son tour, le candidat Hollande s'engage à renégocier le traité sur la stabilité, la coordination et la gouvernance (TSCG) et, une fois élu, le signe sans vraie modification. De même, il s'engage à séparer les banques et laisse son gouvernement concocter une loi de « séparation » qui ne sépare rien. Comme le remarque Jean-Michel Naulot, ancien membre du collège de l'Autorité des marchés financiers (AMF), il est temps, en Europe, que « l'autorité politique cesse de ruser avec les citoyens [9] ». En réalité, cette ruse trahit une grande angoisse : celle d'avoir à parler en vérité aux citoyens. La situation n'est pas propre à la France : elle se retrouve peu ou prou dans tous les grands pays de la zone euro. Mais la France se singularise par le degré d'opacité qui entoure ses engagements européens : le montant des prêts bilatéraux et engagements européens de la France s'élève en 2013 à 85 milliards d'euros. C'est *grosso modo* l'équivalent du déficit commercial français. Quand y a-t-il eu un débat démocratique sur ces engagements qui, naturellement, grèvent le bilan et le hors-bilan de la dette publique française ? En Allemagne, les plans d'aide aux pays en difficulté sont discutés au Parlement. En France, non.

Combien de fois n'ai-je entendu dans des cercles parisiens des remarques sur ces citoyens à qui il ne serait plus possible de faire confiance ? Vous rendez-vous compte ? Ils seraient capables de demander le rétablissement de la peine de mort ! Ce fantasme est entretenu par une certaine élite pour se rassurer elle-même : elle incarne bien, à ses propres yeux du moins, le progrès, la conscience, l'éducation supérieure, l'Europe, la mondialisation. Les autres citoyens seraient coupables d'archaïsme (gaulois), d'obscurantisme, de manque d'éducation, d'anti-européisme primaire, de protectionnisme poujadiste... Cette peur est analogue à celle de Jacob. Elle s'est exprimée de manière explicite, par exemple, à l'occasion d'une réplique du président Obama, le 27 mars 2009, à la Maison Blanche, à un banquier qui tentait de justifier ses bonus : « Mon administration est la seule chose qui existe entre vous et les fourches ! » La crainte des fourches est bien réelle, des deux côtés de l'Atlantique, dans les couloirs parlementaires comme dans les salles des marchés. Et de même que Jacob s'imagine, en cédant son troupeau à Ésaü, apaiser sa colère fantasmée, de même une certaine partie des élites nord-atlantiques s'imaginent qu'il faut garantir la prospérité économique aux citoyens « archaïques » pour s'épargner d'avoir à dialoguer avec eux. Ne serait-ce pas, au fond, le pari sous-jacent à la construction européenne : construire une union politique que l'on croit impossible à réaliser avec le consentement des peuples, mais, pour cette raison, la construire *à l'insu des peuples*, en les amadouant par la prospérité économique que le marché unique et la finance dérégulée étaient censés garantir ?

Une telle hypothèse aiderait à comprendre, en tout cas, pourquoi cette construction s'est faite si facilement, et dès les années 1950, sous les auspices de l'ordo-libéralisme allemand, alors que ce dernier est étranger à la culture politique française et que l'Allemagne est tout de même sortie vaincue de la guerre. En effet, l'ordo-libéralisme repose très précisément sur cette idée que la prospérité matérielle doit tenir lieu de fondement de la souveraineté politique[10]. La « ruse » imaginée par certains concepteurs du marché unique, puis de la monnaie unique, a été celle-ci : tenter de faire avancer une Europe politique fondée, légitimée par la prospérité économique. L'immense désarroi où se trouve une part des élites européennes provient du fait que le pari de la prospérité est perdu, de sorte qu'elles redoutent encore plus de parler en vérité avec ces citoyens « archaïques » qui sont maintenant au chômage et étranglés par les dettes. Et certains de suggérer qu'il vaut peut-être la peine d'essayer le grand saut fédéral *sans le dire*...

Or, après une nuit de combat où Dieu consent à être vaincu (parce qu'il renonce, lui, à la violence), Jacob ose enfin franchir le gué de Yabboq. Les deux frères tombent dans les bras l'un de l'autre. Ils se parlent. Ils pleurent. Si les narrateurs du premier livre de la Torah esquissent cette tentation (mue par l'angoisse de la violence, de la vengeance et de la jalousie) de remplacer la parole par le commerce muet des choses, c'est pour en nier toute fécondité. Un troupeau ou un portefeuille d'actifs financiers n'ont jamais conduit deux frères à se parler en vérité. Et si deux frères ne parviennent plus à se parler, qui pourra dialoguer dans la Cité ? Pour que ce miracle advienne, il y faut tout autre chose. Il y a, heureusement, *une* tradition libérale, qui, très éloignée de celle des économistes néolibéraux, tente de demeurer fidèle à cette expérience biblique. C'est celle de Kant, lorsqu'il écrit *Zum ewigen Frieden*, et d'auteurs plus récents comme Paul Ricœur, Jürgen Habermas ou Christoph Theobald qui, chacun à leur manière, tentent d'écouter l'inouï des « porteurs de foi » en train d'inventer de nouvelles manières de faire société par-delà le déchaînement de la violence financière. C'est avec cette tradition que nos élites européennes doivent pouvoir renouer si elles veulent sauver le projet politique européen. Une Europe dont les institutions politiques seraient ordonnées aux biens communs que sont le travail, la Terre (l'agriculture, l'énergie, etc.) et la monnaie.

Je puis témoigner que je rencontre des banquiers courageux, dont certains sont chrétiens, qui ont compris qu'il nous faut changer de système financier. Et qui réfléchissent au modèle de la banque de demain, qui organisent des places financières structurées par des codes déontologiques sérieux. Je rencontre aussi beaucoup de jeunes, des étudiants notamment, qui veulent travailler dans le secteur de l'économie sociale et solidaire, et, surtout, qui sont impatients d'amorcer la transition écologique dont nous avons besoin. Car ils veulent contribuer à sauver la belle Création qui nous a été confiée ; car ils sont solidaires des générations futures. C'est à eux tous que notre avenir appartient. Ils sont le signe que l'Esprit continue de travailler notre corps social avec la patience amoureuse qui le caractérise. En s'appuyant sur ce travail de Dieu déjà à l'œuvre parmi nous, chacun de nous peut entendre l'appel à la conversion et croire qu'un chemin est possible à construire en Europe et dans le monde. Être chrétien, c'est refuser la fatalité. Et nous ne sommes pas plus condamnés à un destin tragique aujourd'hui que nous ne l'étions hier, même aux heures les plus sombres de notre histoire.

À quoi ressemble notre Terre promise ? Quelle sera la couleur du jardin où « coulent le lait et le miel » auquel nous aspirons ? Une société postcarbone dont les principales institutions (le travail, la Terre, la monnaie) seraient organisées comme des communs pourrait bien constituer cet horizon eschatologique qui fait défaut à nos sociétés depuis que nous ne croyons plus aux utopies de l'*Aufklärung* (cf. chap. 4). Nous avons les ressources de l'intelligence pour faire de l'Europe le leader de la transition écologique. Ne pouvons-nous créer de la monnaie, cette fois, pour aider l'Europe à s'engager vers une société « verte » ? Dans la parabole des talents (Mt 25, 1-14), le Maître crée de la monnaie *ex nihilo*, ces fameux talents (*pecunia dei*) qui, si nous les investissons intelligemment, peuvent rapporter cent pour un. Alors, qu'attendons-nous ?

Certes, on peut estimer, à la manière de Hobbes ou, plus récemment, de Jean-Pierre Dupuy [11], que de grandes collectivités comme l'Europe n'arriveront jamais à se mettre d'accord sur un idéal positif, sur un concept de justice partagé, ou de bonheur commun. Dans ce cas, on peut formuler, avec Dupuy, le souhait que ces hommes et ces femmes parviennent au moins à se mettre d'accord sur la catastrophe qui les guette. Afin d'unir leurs forces en vue, précisément, d'éviter la catastrophe climatique. Il conviendrait alors, avant toute chose, d'alerter l'opinion sur les dangers à venir du réchauffement climatique. La difficulté inhérente à cette anthropologie d'inspiration hobbesienne et pessimiste est qu'elle parie tout de même sur le fait que l'Europe, confrontée à la possibilité de son autodestruction, ne choisira pas le suicide. C'est, en effet, un pari que nous sommes tous tenus de faire au moins depuis Hiroshima. Mais puisqu'il faut faire ce pari, pourquoi, alors, ne pas oser *espérer davantage* ? Espérer qu'un idéal positif, celui de la transition écologique, soit de nature à mobiliser les forces, le courage d'être des citoyens de notre continent ? Qu'attendons-nous ?

Se conduire en « enfant de lumière » aujourd'hui

Nous attendons, en vérité, que les professionnels de la finance de marché, leurs créanciers et leurs actionnaires, ainsi que les politiques qui, pour beaucoup, ont démissionné de leurs responsabilités vis-à-vis de la sphère financière, consentent à lâcher le Veau d'or. Tant que la finance dérégulée promettra des rendements de 15 %

par an, l'épargne ne pourra pas être investie dans un programme d'industrialisation verte qui ne sera rentable que dans le temps long. L'épargne, pourtant abondante en Europe, restera captée par le casino international des marchés. C'est donc à nous, en Europe, au sein de la société civile, dans nos Églises, d'exiger du politique qu'il prenne les mesures qui s'imposent pour réguler les marchés financiers. Quand l'Europe industrielle comprendra-t-elle que les marchés dérégulés risquent de la conduire à sa perte ?

Le conseil pontifical « Justice et Paix », à l'automne 2011, a demandé des réformes très claires [12]. *Primo*, la mise en place d'une taxe sur les transactions financières. Si nous l'avions fait en 2008, le problème des dettes publiques en Europe serait aujourd'hui réglé. *Secundo*, la séparation des métiers de la banque d'investissement et de la banque de dépôt (cf. chap. 10). *Tertio*, la recapitalisation des banques sous condition : cela veut dire que, contrairement à ce que nous avons fait en France en 2008, lorsque l'État vole au secours d'une banque privée en faillite, il doit entrer dans son conseil d'administration pour garder un droit de regard sur l'usage qui sera fait de l'argent du contribuable.

Déjà, en 1931, le pape Pie XI nous avertissait en des termes vigoureux, dans son encyclique *Quadragesimo Anno*. Il n'hésitait pas à dénoncer :

« [...] *la concentration des richesses,* [...] *l'accumulation* [...] *d'un pouvoir économique discrétionnaire, aux mains d'un petit nombre d'hommes qui d'ordinaire ne sont pas les propriétaires, mais les simples dépositaires et gérants du capital qu'ils administrent à leur gré* » (113).

« *Cette concentration du pouvoir et des ressources* [...], estimait-il, *est le fruit naturel d'une concurrence dont la liberté ne connaît pas de limites ; ceux-là seuls restent debout, qui sont les plus forts, ce qui souvent revient à dire qui luttent avec le plus de violence, qui sont le moins gênés par les scrupules de conscience.* [...] *La libre concurrence s'est détruite elle-même*, conclut le pape ; *à la liberté du marché a succédé une dictature économique* » (117).

Cette dictature, ce n'est pas celle du collectivisme soviétique, auquel Pie XI consacre des pages tout aussi cinglantes, mais c'est bien celle des financiers.

Aujourd'hui, dans le contexte des dettes publiques européennes, la parabole de l'intendant avisé, dans l'Évangile de Luc (Lc 16, 1-13) peut se lire ainsi : cet intendant, lui aussi, a mal géré l'argent qui lui avait été confié. En renonçant à exiger le remboursement d'une créance qui ne lui a rien coûté, en remettant une partie des créances de son maître, il restaure le lien social et protège la relation d'amitié qui le lie à d'autres. Aujourd'hui, être un « enfant de lumière avisé », ce n'est pas jouer au casino sur des *dark pools* puis imposer des coupes sombres dans le budget des États pour échapper à sa propre faillite [13] ! C'est contribuer à la construction de l'Europe de demain.

Nous l'avons vu au chapitre 5 : l'essentiel de l'argent que prête une banque commerciale est créé au moment même où elle le prête. C'est une simple opération d'écriture sur un ordinateur. Cette création sans coût, ou presque, s'apparente à la création *ex nihilo* de Dieu. Et elle peut, en effet, donner à certains banquiers le sentiment de la toute-puissance. Le P-DG de Goldman Sachs, Lloyd Blankfein, déclarait ainsi, en 2009 : « Je ne suis qu'un banquier qui fait le travail de Dieu [14]. » Mais l'analogie avec le pouvoir créateur du Dieu de la Bible se tourne en sinistre parodie lorsque ces mêmes banquiers sont capables d'exiger que l'on saigne à blanc leurs débiteurs pour récupérer un argent qui ne leur a presque rien coûté. Au contraire, le Dieu d'Israël, Celui que le Christ appelle « Père », crée et donne la vie gratuitement, sans rien attendre en retour, dans une surabondance amoureuse.

La joie de la pauvreté

La logique de la concurrence marchande (inscrite au cœur des institutions européennes) repose à la fois sur l'anthropologie pessimiste de l'*Homo economicus* et sur le droit de la propriété privée. Au contraire, prendre soin des communs, c'est, d'après l'étymologie latine du terme, consentir à ce qui est *cum munus*, reçu avec le don (*munus*). Reçu *en tant que don pour tous*. C'est s'inscrire dans la perspective du Père qui, d'après Mt 5, 45, fait « briller son soleil sur les bons comme sur les méchants ».

On s'en doute, passer de cette logique marchande à celle de l'équilibre kantien ne peut pas ne pas interroger le concept même de propriété privée. Non qu'il faille troquer le collectivisme à la société de propriétaires évoquée dès le premier chapitre. La gouvernance des communs, redisons-le, requiert une politique orthogonale à l'opposition entre propriété privée et collectivisme. C'est ce que montrait déjà clairement la catégorie de l'*usage* par opposition à celle de propriété mise en avant par les théologiens et les juristes franciscains dès le XIIIe siècle.

C'est Hugues de Digne [15] qui s'efforça, le premier semble-t-il, de caractériser la pauvreté franciscaine en termes d'*usus*. La « loi naturelle », argumente-t-il, prescrit aux hommes d'avoir l'usage des biens nécessaires à leur conservation mais ne les contraint nullement à en avoir la propriété.

« *En effet, ce n'est pas la propriété des aliments et des vêtements qui nous permet de conserver notre nature, mais leur usage ; il est donc possible, toujours et partout, de renoncer à la propriété alors qu'il n'est jamais possible, et nulle part, de renoncer à l'usage*» (p. 288).

Bonaventure reprendra cet argument, estimant que les frères mineurs, parce qu'ils ont décidé de suivre le Christ dans sa « très haute pauvreté », renoncent à tout droit de propriété tout en conservant l'usage des biens qu'autrui leur concède. Une bulle du pape Grégoire IX [16] fournit le fondement magistériel de la distinction entre usage et propriété : parce qu'il établit que les frères mineurs n'ont « propriété ni commune [collectivisme] ni privée [société de propriétaires] mais que l'Ordre a l'usage des ustensiles, des livres et de choses qu'il est permis d'avoir", le pape, selon Bonaventure, "a séparé la propriété de l'usage, en conservant la propriété pour lui et pour l'Église et en conservant l'usage à la nécessité des frères" ».

On sait qu'en dépit de la bulle du pape Nicolas III [17], qui confirme la distinction entre usage et propriété, celle-ci deviendra problématique lorsque le pape Jean XXII [18] fera valoir qu'il est des biens dont l'usage implique la destruction, et dont l'*usus*, par conséquent, ne peut pas être séparé de la propriété. La nourriture, par exemple. C'est une manière de souligner que tous les biens ne peuvent pas devenir des communs. Reste que la distinction entre l'usage et la propriété est centrale pour une catégorie de biens aujourd'hui en plein développement : les *biens de fonctionnalité*. Le Velib' à Paris et le Velov', à Lyon. De même, l'ascenseur financé par chaque copropriétaire au prorata de l'usage qu'il en fait n'aurait aucune substance juridique si la différence entre usage et propriété ne pouvait être opérée. Aux États-Unis, les *common interest deve-*

lopments, ces résidences ou villes privées gérées en copropriété, témoignent qu'il est possible d'étendre la logique de la copropriété à une ville entière [19]. Plus généralement, le concept de commun, en tant que bien rival en accès libre, suggère que ce n'est pas par rapport à ce qui est consommé que la distinction entre usage et propriété doit s'opérer mais vis-à-vis de la source de cette consommation : non pas à l'égard du poisson, mais de la zone de pêche.

Ce trop bref détour par la théologie médiévale franciscaine suggère que nous ne manquons pas, en Europe, de ressources spirituelles pour vivre l'institutionnalisation de communs européens. La tradition franciscaine, parmi d'autres, pourrait bien se révéler décisive à cet endroit : elle oriente le regard vers le respect de la création (dont nous savons désormais combien elle est fragile) ; elle nous libère du souci (en partie d'origine aristotélicienne) de faire coïncider les signes que nous utilisons (les mots, la monnaie, les institutions politiques, etc.) avec un cosmos dont l'ordonnancement préexisterait à l'exercice de la liberté humaine et à l'histoire (sainte) de nos compromis politiques ; elle suggère, enfin, que le dépouillement (de la propriété privée vers le droit d'usage) est source de joie !

Quid agendum ?

Dans ces conditions, que faut-il faire ? Avant tout, réapprendre la dimension collective de l'exigence éthique : la morale de l'honnêteté individuelle ne suffit plus. Ne pas puiser dans la caisse est une condition minimale qui, même si elle n'est pas toujours respectée comme nous l'avons vu, demeure minimale. Il ne suffit plus d'obéir aux règles du jeu, il nous revient de réécrire ces règles quand celles-ci sont manifestement injustes ou quand elles conduisent au désastre – notamment parce qu'elles n'instruisent pas un rapport juste aux communs. Concrètement, pour la plupart d'entre nous qui ne travaillons pas directement sur les marchés financiers, cela peut consister à prendre part aux campagnes contre les paradis fiscaux et pour la réforme du secteur financier lancées par *Le Pèlerin*, le Secours catholique, le CCFD, le CERAS, la Fondation Nicolas Hulot, mais aussi Roosevelt 2012, Finance Watch, etc. Les professionnels de la finance, quant à eux, pourraient réapprendre à se soumettre aux autorités publiques en charge d'édicter les nouvelles règles du jeu. Se soumettre aux autorités [20], cela veut dire collaborer loyalement avec les régulateurs, en particulier, en France, avec l'Autorité des marchés financiers et l'Autorité de contrôle prudentiel. Déjà, la conférence des évêques de France nous y invitait dans sa déclaration du 21 juin 2010 : « Restaurer la confiance ».

Quant aux autorités elles-mêmes, il leur revient d'imaginer, grâce à une concertation structurée par le principe de réciprocité (cf. chap. 8), de nouveaux modes de régulation afin que la finance de marché et le secteur bancaire puissent de nouveau remplir le service qu'ils doivent à la société [21]. Afin que nous puissions construire une Europe *commune*. C'est sans doute une condition *sine qua non* pour lancer notre vaste programme d'industrialisation verte, lequel est vraisemblablement le meilleur moyen, pour l'Europe, aujourd'hui, d'échapper à la déflation à laquelle nous condamnent les plans d'austérité. Et ainsi d'échapper au désespoir qui fait le lit des démagogies populistes : ce désespoir est celui-là même qui fit regretter l'Égypte au peuple hébreu qui se croyait abandonné dans le désert (Nb 11, 3).

« Vois-tu quelque chose Jérémie ? » demande le Seigneur au prophète (Jr 1,11). Comme Jérémie, nous pouvons lui répondre : je vois des armées qui vont fondre sur le royaume et le mettre en pièces. Cela, c'est ce qui nous menace si nous nous entêtons dans une logique financière mortifère. Mais avec Jérémie, nous pouvons répondre aussi : « Je vois fleurir la fleur d'amandier. » Cela, au cœur de l'hiver, c'est l'espoir d'un printemps, d'une Terre promise. Elle est déjà là. À nous de la faire grandir...

Notes

1. Cf. la Conférence de carême prononcée à Notre-Dame de Paris, le 11 mars 2012 (*La solidarité : une exigence et une espérance*, Conférences de carême de Paris 2012, Mgr André Vingt-Trois, Ed. Parole et silence) et aussi le colloque « Face à une économie "sans foi ni loi", les religions et le droit », le 16 juin 2011, à l'université de Toulouse (Montauban).
2. Trad. TOB modifiée.
3. *Une communauté européenne de solidarité et de responsabilité déclaration des évêques de la COMECE sur l'objectif d'une économie sociale de marché compétitive dans le traité de l'UE*, COMECE, 12 janvier 2012.
4. Incluant universités, classes préparatoires, IUT. Cf. *L'État de l'enseignement supérieur et de la recherche en France*, ministère de l'Enseignement supérieur et de la Recherche, décembre 2010.
5. Éric Maurin, *Le Ghetto français, enquête sur le séparatisme social*, Paris, Le Seuil, 2004.
6. Cf. Emmanuel Todd, *Après la démocratie*, Paris, Gallimard, 2008.
7. Jürgen Habermas, *Cités*, Paris, PUF, janvier 2012.
8. De cette confiance témoigne la déclaration de la COMECE de janvier 2012 : *Eine europäische Solidaritäts-und Vertantwortungsgemeinschaft*, cf. note 3.
9. Jean-Michel Naulot, *Crise financière. Pourquoi les gouvernements ne font rien*, Paris, Le Seuil, 2013.
10. Cf. Michel Foucault, *Naissance de la biopolitique. Cours au collège de France, 1978-1979*, Paris Gallimard-Le Seuil, coll. « Hautes Études », 2004.

11. Jean-Pierre Dupuy, *Pour un catastrophisme éclairé. Quand l'impossible est certain*, Paris, Le Seuil, 2004.
12. *Pour une réforme du système financier et monétaire international dans la perspective d'une autorité publique à compétence universelle*, Conseil pontifical « Justice et Paix », octobre 2011.
13. Gaël Giraud, « Vers le *krach* des dettes publiques », *Projet*, n° 323, 2011, p. 79-86.
14. *Sunday Times*, 8 novembre 2009.
15. De finibus paupertatis auctore Hugona de Digna, ed. C. Florovski, in *Archivium Franciscanum Historicum*, n° 5, 1912, p. 277-290.
16. *Quo elongati*.
17. *Exiit qui seminat*, 1279.
18. Décrétale *Ad conditorem canonum*.
19. Cf. François Cusin, « De la fonctionnalité à l'accès. Vers le remplacement des biens matériels par des services en réseau ? » *Futuribles*, n° 360, 2010, p. 5-20.
20. Gaston FESSARD sj, *Autorité et bien commun*, Aubier, 1969 ; Michel de CERTEAU sj, « Autorités chrétiennes », *Études*, t. 393/10, 2000, p. 373-388.
21. Cf. Benoît XVI, *Caritas in veritate* (*L'amour dans le concept de la vie sociale*), 29 juin 2009, 65 ; Gaël Giraud et Cécile Renouard, *Vingt propositions pour réformer le capitalisme, op. cit.*, propositions 9 à 11.

TABLE DES GRAPHIQUES

Graphique 1. Prix de l'immobilier – États-Unis........ 9

Graphique 2. Évolution du prix de l'immobilier........ 11

Graphique 3. Endettement en zone euro 1995-2011 48

Graphique 4. Consommation mondiale d'énergie par habitant........ 82

Graphique 5. Croissance exponentielle des émissions mondiales de gaz carbonique 1850-2005...... 86

Graphique 6. L'inflation, en glissement annuel........ 124

Graphique 7. Taux de croissance du PIB réel, en glissement annuel........ 125

Graphique 8. Croissance de la monnaie Banque centrale 1999-2012........ 131

Graphique 9. Composition du bilan agrégé du système bancaire français au 31/12/2012........ 201

TABLE DES MATIÈRES

Remerciements 4

Introduction 7

Chapitre 1. **La « société de propriétaires »,
un idéal messianique ?** 17

Chapitre 2. **Une noyade programmée ?** 33

Chapitre 3. **Un marché financier,
c'est (très in)efficace ?** 58

Chapitre 4. **La transition écologique** 80

Chapitre 5. **La création monétaire *ex nihilo*** 98

Chapitre 6. **Le dilemme des banques centrales** 111

Chapitre 7. **Vers une société de biens communs** 138

Chapitre 8. **Comment financer
la transition écologique ?** 155

Chapitre 9. **Comment gouverner
les communs européens ?** 165

Chapitre 10. **Les chantiers communs prioritaires**.. 180

Chapitre 11. **Nous libérer du Veau d'or**........... 230

Table des graphiques.. 251